i

为了人与书的相遇

We read the world

出品人	于威　张帆　姚怡
主编	吴琦
副主编	刘宽
编辑	萧轶　胡晋溢
英文编辑	Callum Smith（高林）
特约编辑	阿乙
	Filip Noubel（马云华）
	Isolda Morillo（莫沫）
	陆大鹏
	索马里
	文珍

封面图片来自任瀚作品

消失的作家

最近学了一个新词——泡面番,又是日本人的发明。利用一杯泡面的制作时间,讲完一个故事,牙缝一般的几分钟空闲,完美地被填满。实习生同学们教会我许多事,这是其中一件。

我惊讶于影像是如何紧密地构成他们认知世界的基本单元,在那个由无数的屏幕所组成的楚门新世界里,视觉主导一切。与他们谈话,门槛在于你是否能够援引最近的电影、电视和动漫,以及随时可以拿出手机来展示的 GIF 和短视频。这让我想起几年前去一户美国人家做客,互不相熟的各位,完全依靠流行歌手、影视明星来延续饭局。大众文化的状况必然是这样的。这时候你必须承认,早就没人看书了,看书的人也不大会把最近看过什么书挂在嘴边。

《单读》的作者、作家李静在朋友圈里说过一句,大意是,现在英美电视剧正继续着 19 世纪古典小说家们做过的事情。这个断言值得更细致的推敲,但伟大的叙事传统的确正在转换它的媒介。偶然看到一部叫作《百年酒馆》（*Horace and Pete*）的美剧，演到一半时，屏幕一黑，音乐响起，打出一行字"intermission（幕间休息）"。时空陡然翻转，这可是歌剧里最堂皇的暂停！

在这间经营了一百年的酒馆里，不卖时髦的鸡尾酒，老板一言不合就骂人，老顾客买一瓶啤酒三美金，误打误撞进来的人却要付四块五。老板说，他们是来喝酒的，你们是来看热闹的，你们已经得到了别的东西。那些出色的影像作品，除开过分猎奇的部分，的确比其他人更加仔细、敏感地听到了时代的声音。而作家们似乎"消失"了，成为过去的风景。

但怀旧的时刻还远未到来。当严肃的痛切的声音在主流中丧失，边缘的隐秘的创造出现了，他们冲进社会之前首先滋养了文学。即便在青春文学一代之中，一些作者在自我意识内部的探索，也比另外一些甜腻的商业趣味更加叛逆。更多的人改头换面、登堂入室，进入影视的世界，依然产出了《百年酒馆》《路边野餐》这一类的影片。这样看来，讨论作家的创作仍然比谈论他们的处境更重要一些。这是我们与时代之间一场互相的围猎。

至少需要一些时刻停止抱怨，如果我们不希望抱怨成为唯一的灵感来源。这一期，单读试图更清晰地辨认关于"消失"的预言，作家访谈、书评、随笔，以及越来越普遍的跨媒介实践，是我们进入的方式。

如果说历史和政治搭成的死角，让外部的死亡变得难以探讨，那么内部的失踪呢？"更多的人死于心碎。"一些作家"消失"在盛名中，我们很少真正接近他们。供上神坛的马尔克斯，在他的牙医眼中是一个怎样的人？同样作为文学偶像的张爱玲，她的文学和自我如何影响她的后辈？和张爱玲一样，在海外用英文写作的哈金，何以回到中文，回到诗歌？因写作中国而爆得大名的美国记者何伟，也成为某种榜样，让更年轻的中国作者重走中国。整个世界在位移，文学幸存其中。

所有的逝去都是值得哭泣的，但逝去本身也是自然的生命规律。在山中放马，草不会尽，在水上写字，河流不停。有的时候我坐在家里什么都不干，就看着日光从卧室走到客厅，经过床铺、沙发和几株植物的茎叶，最后在厨房的水槽里离开我的房间，仿佛亲眼见到了时间的本体。它掠过你，你却看不到任何改变。"在这个充满苦难的世界上想要得到幸福，这是多么荒谬的想法啊。"张定浩在评述格雷厄姆·格林时引用了这一句。即便表达是荒谬的，即便作家会消失，那又如何呢？在一百年后的酒馆里，语言会幸存其间。为了欣赏它，你可能还需要多付几块钱。

撰文：吴琦

○ 话题

003　一位长了蛀牙的诺奖得主在城里的　　　胡里奥·维亚努埃瓦·张
　　　牙科医生那里寻找什么?
017　最后的秘鲁诗人　　　　　　　　　　　　　　　　　　晓宇
029　临水照花人的尤利西斯——谈张爱玲的后期写作　　　文珍
061　三个关于何伟的写作练习　　　　　　　　　　　　　　吴琦

⋈ 访谈

079　湖畔散步　　　　　　　　　　　　　　　　　　　　陈一伊

△ 报道

113　定西孩子　　　　　　　　　　　　　　　　　　　　孙中伦

≋ 随笔

149　犹太在于运动　　　　　　　　　　　　　　　　　　云也退
161　在高山前,盖一所木屋　　　　　　　　　　　　　　郭玉洁

✛ 影像

191　消失的相机　　　　　　　　　　　　　　　　　　　　任瀚

⊙⊙ 小说

215　AI　　　　　　　　　　　　　　　　　　　　　　李静睿

诗 歌

245 不眠书 廖伟棠

书 评

259 爱欲与哀矜 张定浩
275 神秘主义入门 孔亚雷
289 字的主人 邹波
301 伊斯坦布尔的忧愁 马云华
313 全球书情 吴瑶

I ENGAGE MYSELF IN WRITING, BUT NEVER HAVE I PLACED ANY HOPE ON IT. ONCE YOU WRITES BEYOND HOPE, YOU ALSO WRITES BEYOND DESPAIR.

我从事写作,但对它从不寄予希望。
超越希望的写作,也就超越了绝望。

——[叙利亚]阿多尼斯

○ 话 题

003 一位长了蛀牙的诺奖得主在城里的
    牙科医生那里寻找什么?

胡里奥·维亚努埃瓦·张

What does a Nobel Laureate with Tooth Decay Look for at The Dentist's?

017 最后的秘鲁诗人

晓宇

The Last Peruvian Poet

029 临水照花人的尤利西斯
    ——谈张爱玲的后期写作

文珍

The Talented but Aloof Ulysses——Eileen Chang's Late Writings

061 三个关于何伟的写作练习

吴琦

On Peter Hessler's 3 Types of Writing Practices

这种事情在文学史上一直都在发生：荷马失去了视力，塞万提斯失去了一条胳膊，马尔克斯失去了一颗蛀牙。

一位长了蛀牙的诺奖得主在城里的牙科医生那里寻找什么？

撰文　胡里奥·维亚努埃瓦·张
译者　廖晓玮

话题 ○ 一位长了蛀牙的诺奖得主在城里的牙科医生那里寻找什么？

[一]

这天,当加萨博大夫推开他在卡塔赫纳牙科诊所的门的时候,他发现加西亚·马尔克斯(Gabriel García Márquez)像个宇航员一样独自待在候诊室里。这是1991年2月11日下午两点半,这位病人第一次问诊,他准时到了。"七年来牙医一直这么跟我说——永远别迟到。"在他面前的桌子上放着一本牙科诊所小册子,还有一些用来打发时间、配合镇定剂般的音乐一起打哈欠的杂志。戴着牙医专用眼镜的哈伊梅·加萨博大夫看起来很精神,他有一种在哥伦比亚海边长大的人特有的天真,一把胡子看起来精心打理过,笑容也无懈可击。第一次问诊,加西亚·马尔克斯是让司机送过来的。这个诊所所在的街区有一个对于牙医来说超级完美的名字:Bocagrande(大嘴)。

加萨博大夫过来找他的时候,这位作家刚刚填完病历

表："患者姓名：加夫列尔·加西亚·马尔克斯；职业：终身患者；电话：没交费停机了；是否结婚及配偶职业：是，无业；配偶所在公司：我也想知道；治疗费用付款人姓名：加博[1]，一个电报员的儿子；有不适或疼痛吗？有点不舒服，估计马上要疼了；可以告诉我们谁推荐您来的吗？大夫自己的名气。"这第一次戏剧性的造访，加西亚·马尔克斯填了一份我们所有人曾经或者有天来拔牙时都会填的表格。"就像你在等医生的时候给自己讲了一个故事。"约翰·奇弗（John Cheever）[2]说。

在治疗最开始的七年里，面对加西亚·马尔克斯，加萨博大夫一直使用的都是那种面对大师时崇敬的语气。再后来，加萨博就叫他干亲[3]了。因为得知大夫的妻子正怀着第六个孩子的时候，加西亚·马尔克斯就像一个刚刚被任命的热情的神甫一样，问大夫："我们什么时候送他去受洗？"这次他和妻子将迎来第一个男孩。加萨博记得当时他没太听懂，直到后来有个在墨西哥住过一段时间的人跟他解释，他才明白：在墨西哥，想成为一个孩子的教父，有时要主动提出，而不只是等待别人邀请。在孩子受洗的

---

[1] 加博，加西亚·马尔克斯的昵称。
[2] 约翰·奇弗，美国小说家，被认为是20世纪最重要的短篇小说作家之一。
[3] 干亲，指小孩的教父与生父、生母的关系。

那天,加西亚·马尔克斯和他的妻子梅赛德斯·巴尔查是最早到达教堂的。

"我觉得这世上没有巧合,"加萨博跟我说,"这是一次马孔多式的受洗。"

在这次受洗之前,他们也有一些交集。加萨博大夫记得,他们两家在皮耶德拉波巴街区曾经是邻居,加西亚·马尔克斯的姐姐和他姐姐还是好朋友,常来他家里玩。那时加萨博才一岁,马尔克斯二十多岁,是那种典型的加勒比海边人的性格,看上去挺烦人的,老和你开玩笑,让你再也受不了一本正经。马尔克斯和他是完全不同时代的人:当加西亚·马尔克斯拿到诺贝尔奖的时候,加萨博还在俄亥俄州立大学的口腔修复系念研究生。后来,马尔克斯在他孩子受洗前也来过他家一次,那次他从正门进,但是从后门出,因为他想跟在后面干活的女用人们打个招呼。

一位一向不喜欢采访的明星作家在牙医面前开了口,应该很有料吧,但没人像加萨博一样对于他们之间的事这么守口如瓶。他只说加西亚·马尔克斯很喜欢告诉他,每次他回卡塔赫纳,都是第一个给他打电话。自从马尔克斯来找他看牙后,加萨博医生的生活也发生了很大的改变。有一天他还被邀请在卡塔赫纳航海博物馆朗读一段《百年孤独》。他的朋友常常给他寄书,希望能让马尔克斯签个名题个词,或者随便写几笔都行。女士们求他找个机会让她们和马尔克斯合影或者一起待一分钟。在加萨博诊所里用来休息的黑色躺椅对面，来看牙的人还能看到一张装裱的合影，一个大明星患者和一个令人羡慕的牙医。

照片里马尔克斯本人正靠在这把椅子上，他穿着一件黑色衬衣，双手握得很紧，像是拍照前被人捆在椅子上了一样。看过这张照片的人大部分以为它是人工合成的——可能是一个懂电脑的加勒比小姑娘和一个马尔克斯小说的狂热粉丝随便用软件做的一张粗糙的照片。但对于加萨博大夫来说，这张照片是他给患者们的第一针麻醉剂。一看到它，人们就忘记了他们自己的牙齿或者任何一种疼痛，而开始被一个永恒的问题缠绕着。加西亚·马尔克斯坐在这里干吗？

[二]

在我认识加萨博大夫的第五年，有一天他在我面前打开了一个有密码锁的黑色手提箱。加萨博和他的家人才搬到佛罗里达州的坦帕市。之前他和他妻子是哥伦比亚一个基督教社区激进的福音派，后来他们感到军方不再欢迎他们，就被迫离开了自己的国家。这是一个秋天的夜晚，加萨博大夫穿着一件印有很多树形图案的黑色衬衣。他站在新家的餐桌旁边，在刚刚打开的手提箱里找东西。当时他的家还没搬完,客厅里还有好多箱子没拆开。在餐桌底下,他的那只叫小黑的迷你杜宾犬正来回转悠,加萨博说它其实就跟人一样,除了不会说话。屋子周围的墙上挂着他妻子、艺术家安吉拉·斯奇帕画的画。在来到美国最初的几个月,加萨博在佛罗里达还不能给人看牙,所以他就在一个牙齿修复实验室做烤瓷牙,成了一个烤瓷牙雕塑师。

已经半夜了,加萨博大夫从箱子里拿出一个蓝色天鹅绒的小袋子,那种珠宝商们保存珍贵首饰、让它们不受抓痕和时间侵害的袋子。在另一间屋子里,他的小儿子哈伊梅·恩里克已经睡着了,马尔克斯曾参加孩子的受洗礼。加萨博拿出一张照片,上面是儿子受洗的某个瞬间,马尔克斯和妻子站在他和神甫身边。当时的那个婴儿现在已经七岁了,如果你问起他的教父,估计他也只知道父母给他讲的那些。但加萨博不一样,他珍视一切。这天晚上,他已经准备好向我展示自从我第一次去他在 Bocagrande 的诊所以来这五年里他从未跟我提起过的事情。在这个蓝色天鹅绒的小袋子里,他保存着一个秘密。

[三]

加西亚·马尔克斯来找加萨博大夫看牙的原因,其实并不像小说情节那样迷人。一位在波哥大的牙医给马尔克

It has kept happening in the history of literature: Homer lost his eyesight, Cervantes lost one of his arms, Marquez lost a tooth.

这种事情在文学史上一直都在发生：荷马失去了视力，塞万提斯失去了一条胳膊，马尔克斯失去了一颗蛀牙

—— Julio Villanueva Chang

话题 ○ 一位长了蛀牙的诺奖得主在城里的牙科医生那里寻找什么？

斯矫正过牙齿，然后他推荐了一位叫路易斯·爱德华多·波特罗的医生，好让他回卡塔赫纳后能继续治疗。有一天，在波特罗医生给马尔克斯矫正牙齿的时候，他发现他的牙周不太好。简单来说就是牙龈很疼。因为加萨博大夫是这方面的专家，所以就推荐加西亚·马尔克斯去找他。这也就是为什么在1991年2月的一个下午，加萨博会在自己位于Bocagrande的诊所里看到那位电报员的儿子，为什么马尔克斯会在夹在硬纸板上的病历上填下那些字，随后交给加萨博的秘书奥妮拉·马德拉。

"这就像是上帝的安排。"加萨博在那个瞬间发生十三年后的今天，在他佛罗里达的家里跟我说。

看牙的时候，加西亚·马尔克斯聊起政治来就像个普通人一样，所以有一次作为福音派的加萨博也鼓起勇气想跟他聊一些关于上帝的看法。

"加博和其他人一样，"他回忆说，"打了个幌子，然后换了话题。"

加萨博明白，马尔克斯不想和他聊这些神圣的东西。当时他心里有一个很形而上的问题：当加西亚·马尔克斯死的时候，他会变成什么呢？

"没人会知道答案，"他接着说，"除非有人在他之前死去，在那边等他。"

"牙医是不会去天堂的。"我提醒他。

"但我会去的。"他说。

我们都知道,一个人总是会去到什么地方的。感觉自己是个好人也许是唯一让加萨博感到无比骄傲的事情。他还记下了马尔克斯最后一次来他诊所的时间:1999年1月20日,一个末日般的周三。

后来加西亚·马尔克斯离开了卡塔赫纳:他得了淋巴癌。而加萨博搬去了美国,离开前他给马尔克斯寄了一封信。多年以后,在这个佛罗里达的秋天的晚上,在给我展示那个黑色手提箱里的东西时,加萨博说,他没有收到回信。

[四]

没有明显的原因可以解释加西亚·马尔克斯为什么选加萨博做他的牙医,后来又做他的干亲。加萨博只是一个普通的医生。在他卡塔赫纳诊所的书架上,你找不到任何文学作品,只有一本英文的牙科巨著《牙周疾病》——供牙医们阅读的关于痛苦的"文学史"。加萨博没读过君特·格拉斯(Günter Grass)的《局部麻醉》[1]、阿尔弗雷德·波尔加(Alfred Polgar)[2]的《牙科医生》,也没有读过《地下室

---

[1] 《局部麻醉》,德国著名作家君特·格拉斯1969年的作品。
[2] 阿尔弗雷德·波尔加,奥地利作家、记者。

话题 ○ 一位长了蛀牙的诺奖得主在城里的牙科医生那里寻找什么?

手记》[1]的那一段话,陀思妥耶夫斯基在里面描述过牙疼是一种怎样的快感。不过加萨博医生读过那首叫《幸福所必需》[2]的诗,所以他把它挂在诊所的一面墙上,在一个摆了漱口水和假牙的柜子上面。他的办公桌上有一个骷髅头,这跟哈姆雷特没什么关系,只是给诊所的一点装饰,这是一个曾完成过无数拔牙的地方。

加萨博医生有一套自己的理论解释一切:加西亚·马尔克斯选他作为干亲,是为了打破他自己名气的枷锁。他提到马尔克斯时是一种熟悉、尊敬的语气,并不是崇拜。"人们,"他说,"总是忘记加博也是一个普通人。"但人们还总忘记的是牙医也是普通人,因为总有人问加萨博给一位像马尔克斯这样的干亲看牙他会收多少钱。"可以告诉我们是谁推荐您来的吗?""医生自己的名气。"加西亚·马尔克斯在病历上写过。

[五]

这位牙科医生一边整理着保存他回忆的手提箱,一边

---

[1] 《地下室手记》,俄国作家陀思妥耶夫斯基1864年的作品。
[2] 《幸福所必需》,(*Desiderata*),美国作家马克思·欧尔曼(Max Ehrmann)在1927年写的一首诗。作者本人并没名气,但这首诗后来特别有名,奥普拉·温弗里和摩根·弗里曼(Morgan Freeman)都曾表示过这首诗影响过他们的生活。

继续在讲那位诺贝尔奖得主的故事。患者加西亚·马尔克斯的病历,和马尔克斯一起的家庭照,关于马尔克斯的剪报,一颗马尔克斯的牙,是的。这位牙科医生的宝藏是一颗有三个牙根、镶了一点金边的牙齿。一旦你知道这是马尔克斯的牙齿,它就有了一种虚幻的色彩,从那个蓝色天鹅绒袋子里拿出来的瞬间也耀眼得可怕。每次看到这种不出现在嘴里的牙齿,我们都会本能地转转舌头,确认一下自己的牙还在不在,顺便嚼一嚼咬一咬。这位天才的牙齿看起来和普通人的牙齿一样可怕,而且它创造了一种幻觉:每个人在牙医的镊子下面都是平等的。但对于加萨博来说,一颗马尔克斯的牙齿远不止这些,它还包含着关于一个微笑的隐秘历史。

其实好多年以前,加西亚·马尔克斯就有一种对于牙齿不可名状的偏爱。在一些小说的章节里,他也描述过一个人在牙疼来临时的毫无防备,以及牙齿能给人带来的神奇幻觉。在他著名的短篇小说《这些日子中的一天》[1]中,无照牙医奥雷里奥·埃斯科瓦帮一个他不喜欢的市长看牙,在没打麻醉药的情况下,拔掉了一颗折磨了市长五天的牙。好在马尔克斯从来不想当市长,而加萨博也是一个有执照

---

[1] 《这些日子中的一天》(*Un día de estos*),来自加西亚·马尔克斯1962年的短篇小说集《格兰德大妈的葬礼》。

话题 ○ 一位长了蛀牙的诺奖得主在城里的牙科医生那里寻找什么？

的医生。多年之后在小说《百年孤独》里，马尔克斯还用一种预言性的方式描述了他第一次去看牙："附上一个铜板就看到了青春焕发的梅尔基亚德斯：身体痊愈，皱纹平复，全新的牙齿闪闪发亮。凡是还记得他的牙龈如何毁于坏血病、脸颊如何松弛、嘴唇如何干瘪的人，面对这一无可置疑的明证，都不禁为吉卜赛的魔力而惊栗。"[1] 换句话说，梅尔基亚德斯在牙齿全部掉光后立马就衰老了，后来等又有了一口牙齿，他才找回了青春焕发的笑容。马尔克斯很明白：当一个人不再长新牙的时候，他就开始变老了。而失去一颗牙齿，也是失去力量的一种隐喻。

马尔克斯不是第一个对牙齿有特殊感情的作家。乔伊斯和纳博科夫在五十岁前也失去过牙齿，后来在作品里，他们还把牙齿当作一种超越面部特征的东西而常常提到。另一位牙齿俱乐部的作家马丁·艾米斯（Martin Amis）[2]，在他的回忆录《经历》里还提到了一些使用假牙作家的共同点："除了超强的文采和一口坏牙，纳博科夫和乔伊斯之间还有什么共同点？被流放和很不稳定、几乎接近贫穷的经济状况，对于过剩的一种强迫症式的追求，以及对各自妻子无节制的顺从，因为她们曾给自己带来过无数灵感。"所有这

---

[1] 译文来自《百年孤独》范晔翻译的版本。
[2] 马丁·艾米斯，英国著名作家，其父亲也是有名的作家金斯利·艾米斯爵士。

些都跟马尔克斯很像，但也许只是一个巧合。

"他就像文学世界里的神，所有人对他做的一切事情都感兴趣。"这位牙科医生跟我说，"加博自己也知道，我没办法隐藏我和他之间的故事。"

最后一次加萨博在自己的诊所里见到马尔克斯时，他明白，加西亚·马尔克斯唯一缺的那颗牙是理智的牙。多年以前，在那个1991年春天的下午，在他 Bocagrande 的诊所里，马尔克斯有一颗蛀牙，而加萨博医生决定给他拔了：他给他打了一针麻药，拔掉了一颗牙，缝合了伤口，然后在那个缺口植入了一个假体。他说，马尔克斯一声也没有吭。不过，在这第一次问诊之后，马尔克斯失去了一样东西。这种事情在文学史上一直都在发生：荷马失去了视力，塞万提斯失去了一条胳膊，马尔克斯失去了一颗蛀牙。

"牙线其实比牙刷更重要。"加萨博医生最后告诉我。

手机和全球化毁掉了一切革命的可能,通迅工具的普及取代了政治权威的必要。

最后的秘鲁诗人

撰文 晓宇

在阿亚库乔找到一位英文向导并非易事。这座殖民时代的重镇隐匿在安第斯山脉之中,十七年前才和外界通上水泥路。说服我坐上十六个小时巴士、翻越五百多公里山路的,并非它身上这股固执的传统气息。作为"光荣之路"的发源地,阿亚库乔和我这个远渡重洋的异乡人之间,有一条不切实的精神脐带。

每一座西班牙的殖民城镇,都能在中心找到一片"武器广场"(Plaza de Armas)。和走过的其他秘鲁城市不一样,阿亚库乔的武器广场上没有兜售纪念品的小贩或是牵着羊驼找外国佬(Gringo)照相的妇女。情侣、工作者和散步的老人穿过广场,还原了一个小城日常的图景。

然而这种令人渴求的"当地感"却给出行带来了不小的麻烦。中介多是主打自然风光和印加遗址,没有会说英语的向导。当听到"要去当年政治冲突之地"的要求时,他们立马摆了摆手。日落之前,我们窜进当地大学的语言系。

那是一栋殖民建筑改成的二层庭院，楼上为数不多的亮着灯的教室中，传来跟着播音重复的朗读声。前台的姑娘不会英语，也没有弄懂我们的来意。她示意我们等一会儿，出门去找人。

门外排着队的是想报名夜班的好学者们，我们只能以笑容交流。办公室内摆着两把椅子，等了半天，我挑了其中看似牢固的一把坐下来。屁股刚和椅子咬上，一个戴着鸭舌帽的影子出现在门口的地板上。抬起头，高个子和白皮肤——我不由判定他是教英语的外国人。

"听说你们在找会英语的向导？"得到肯定的答案后，他接着问，"你们想去哪？"

瞧他这么直接坦诚的样子，我便挑明："我们不是来看景点的，过来是想了解'内部冲突'（Internal Conflicts，指秘鲁1980年到2000年间因游击革命引发的国内长期冲突）那段历史。"

"这样啊。这里学生的英语都不好，帮不了你们。我能带你们走走。"

我们也没有选择的余地。"那好，明天上午十点见。"他痛快地替我们决定了。

就这样，我们有了一位来之不易的英语向导。和猜想的不同，阿拉贡不是一个外国佬，他家是世代的阿亚库乔人。第二天早饭后，我和田麒讨论阿拉贡什么时候会到。田麒早习惯了秘鲁时间,抱着至少延迟半个小时的估计,要回屋躺着等。

"我怎么有种感觉,他会准时到呢。"我说。

"我找了个车,五分钟内到。"阿拉贡提前到了。

他戴着昨天的红色鸭舌帽。打开车门,坐在驾驶座上的仍是一位白人,这成了我们几日以来见到的白人面孔的峰值。

司机不会说英语,稻草色的圆帽檐上别着一朵白羽毛。阿拉贡带我们去的第一个地方是"光荣之路"起义攻占的监狱。在这场革命游击队和政府公开对抗的冲突中,16人丧生,255个囚犯逃逸。伊迪丝·拉各斯(Edith Lagos)是带头冲进监狱的女游击队员。这一年,她刚十九岁。同年,伊迪丝被政府军逮捕并处死。当局宣布她的葬礼是非法集会,阿亚库乔却万人空巷,人群像潮水一样涌向墓地。

在这场断断续续持续二十年的革命中,留下姓名是件幸运的事。车开到市郊,阿拉贡指了指路边的山谷:"我们当地人管这儿叫'小地狱'(Little Hell),当时政府军抓到人拷打之后,把死人从这里扔下去。要找失踪的亲人、家人都是到这来,赶在野兽把尸体吃掉之前。"

"所以这也是革命烈士牺牲的地方?"

"哪是什么革命者,葬身这里的人多是无辜的百姓,只不过是被怀疑和革命有关。游击队和政府军打完之后,非死即逃,哪能抓得到人呢。"

这场吞食了七万多人的革命是由一个知识分子掀起的。阿维马埃尔·古斯曼(Abimael Guzmán)曾是阿亚库乔大学的哲学教授。1965年,他回到秘鲁领导"光荣之路",从校内的激进团体到全国性的游击武装,"光荣之路"并没有实践其倡导的社会改造。相反,对着政府军的枪口很快转向不认同他们意识形态的异见者。偏远地区的农民被夹在政府和游击队之间,成了两者都怀疑和杀害的对象。

六七十年代是左派思潮流行的年代,阿拉贡也承认,真心觉得这就是光明未来的可能。但"光荣之路"的恐怖让他们一帮年轻人疏远了革命思想。当我们问到革命和土地的关系时,阿拉贡笑了笑:"我们的土地,早在之前都被收走了。"

阿拉贡口中的"我们",指的是当地的士绅阶层,是西班牙殖民时期大庄园经济的产物。那些占有大量土地的殖民者后裔,过去是拉丁美洲不折不扣的"贵族"(Nobleman),在一轮轮的土改中失去了经济和社会地位。开车的乔治也是贵族的后代,按阿拉贡的说法,现在他们一个成了教书匠,一个成了老司机,穷得叮当响。

"你看,我现在出门都不戴帽子了,就这个棒球帽凑合。乔治还戴帽子呢。"

"我戴是因为没了头发，"乔治摘下帽子向我们示意，"所以要遮遮。"

我们一同午饭的地方，离古斯曼的故居不远。那是一条被抛弃的街道，古斯曼聚集左派沙龙的小楼年久失修，还配有一座荒芜的院子。旁边的房子被拆了，碎瓦颓垣躺在厚厚的灰尘中。路过的醉汉，大白天东倒西歪地到破墙边解开皮带，正在舒坦地"释放自我"。阿拉贡的脚步更快了。

革命并不那么让阿拉贡着迷，他对传统更感兴趣。传统和他那个没落家族有着数个世纪的联系，但也不完全如此。阿拉贡说一口流利的盖丘亚语（安第斯的印第安人语言），也是少数几个真正研究这门语言的当地人。他希望这门语言能和其他传统一起保留下来，借以抵御那些做着毒品或是采矿生意暴富的新贵们。殖民者的后代成了印第安文化的守护人，历史在个人身上有一种超乎逻辑的演变。

"如果你们愿意，明天我带你们去见两个人，一个幸存的贵族，一个革命的幸存者。"阿拉贡提议说。

为了防止高原反应引发昏昏沉沉的困乏，第二天早上我灌下大杯咖啡，外加古柯茶。阿拉贡换上了一顶绅士帽，边缘已经磨得光亮。穿过教堂前面的街道，他敲着一扇数米高的大木门。

"不知道他在不在。说不定去了利马。"阿拉贡刚说完这话，大门中的那扇供人进出的小木门吱吱地开了一个缝。

门后人的个子不高，白发像一团枯草卷在头顶，眼眶深深陷进去，双眼通红，让人不寒而栗。他看到阿拉贡，便迎我们进门。我这才发现他身后那条大狼狗，本是叫人害怕的东西，比起主人来，倒算是亲切友好。

大院子是一根根的石柱撑起来的，正在翻修之中。主人说，这还要两年才能完工，指不定以后会成为一家酒店。二楼每个房间内的东西都有不下两百年的历史。从老教堂抢救回来的油画堆在角落，拐杖和篆刻着拉丁文的长剑并排在一起，主人展示着一台手动摇杆的留声机，音乐响起来的时候，时间也开始背着手向后走。主人情不自禁地拿出来十九岁那年父亲送他的第一件斗牛士服，披上外套，坐在乱糟糟的床上同我们闲聊。除了床，所有的地方都积着灰尘。

斗牛士的家族世代出产安第斯最好的马匹，西班牙人从欧洲带来的这个物种帮助他们征服了这个大陆。天台的房间里收藏着马鞍，临近的屋里则堆满了越南制的藤椅。在吧台的梦露画像旁边，斗牛士翻开了扣在桌上的四个杯子。盛入杯中却不是酒，而是当地的软饮"印加可乐"，金黄色的液体像是西班牙人苦求的黄金融化在了玻璃里。我们问斗牛士："现在还骑马吗？"

"骑，在梦里。"斗牛士又点上了一根烟。

"你看他现在只剩烟和酒了。"阿拉贡说道。

斗牛士的咳嗽不止,他扬起的眉尖伴着咳嗽声上下剧烈地起伏。阿拉贡和他交换了对彼此健康的担忧。走出门,阿拉贡就对我们说,不知这老家伙还能撑多久。

"年轻的时候太霸道了,生起气来像一头公牛。你看老了都没人来找他。"贵族圈内的熟人担心斗牛士的身后事,虽然大家受不了他的脾气,但都知道他是这个文化最后的守护人。

"老东西保留得最多的就是他了。其他的家族移民去美国或欧洲,家产早就卖光了。"

"他的子女继承人呢?"

"这就是故事最忧伤的地方了——他没有子嗣。"

"一个也没有?"

"没有。最近的继承人应该是外甥。谁知道他是会变卖这个大院,还是把东西都一并扔了呢。"

"斗牛士没结婚么?"

"结过。几十年前的事了。一天清晨,他妻子的心脏上多了一颗子弹。至今也不知道是谁干的,有人说是斗牛士。"我想起了斗牛士给我们展示的左轮手枪,他熟练地上膛,把手枪在指尖转了一圈。

"我们接下来去见诗人。"诗人是革命的幸存者,他和贵族阶层合不来,自认是无产阶级,若是和斗牛士坐在一起,指不定会爆发什么激烈的冲突。阿拉贡带我们到了一家不大的酒馆，工作日的上午坐满了喝酒寻欢的人。诗人进来的时候我们没注意到他：一头卷发压在皮帽下，干瘦的身子，像是街头流浪汉。

他坐下来同我们喝酒，说起话来让人着迷。诗人出生在利马市郊，大学在阿亚库乔，期间绘画、足球、拳击，是个受欢迎的人物。他成了学生领袖，组织沙龙和集会，从来没和革命扯上边儿——但他的政治立场引起了当局怀疑。

"先开始是搜查。回到寓所的时候经常是乱糟糟的一片。但他们没发现任何宣传资料，只有安全套和脏衣服。"诗人说到这里的时候不由得意地大笑。

"后来我被抓去了，在警察局被来来回回拷打了七次。他们以为我已经死了吧，一天晚上把我扔进了'小地狱'。醒来的时候是凌晨四五点的样子，我的身边是二十多具朋友的尸体。我全身赤裸，只好从死人身上扒下衣服，一点点从峡谷中爬了出来。"

那个一心成为画家的学生领袖和他的同伴彻底"葬身"在了谷底，因为长时间的拷打，他的眼睛近乎瞎了，无法继续绘画，便开始写诗。阿亚库乔的当代诗人自此从死人堆里诞生了。诗人不相信命运，在利马躲藏了五年后，他又回来了，站在了朋友为他立的墓碑前。人们说，恶灵是杀不死的，尤其是在阿亚库乔，这个地名在当地盖丘亚语里的意思是"死人的角落"。

"我回来了。"诗人再次得意地说。知道了他的经历后,似乎每一句话都托着生死的沉重和轻浮,只是他自己,却像是在说别人的故事。我们问诗人经历了这么多,反过来对革命怎么想。

"但当代已经没有革命了,哲学也没有。"阿拉贡插话进来,他拿起桌上的手机,"这东西和全球化毁掉了一切革命的可能。"通讯工具的普及取代了政治权威的必要,农民们只需一个电话就能和利马的供应商确定今年的产量和价格。普通人不再以机构作为他们的代理,一切组织似乎都失去了存在价值。农民都买了汽车,过上中产的生活,推翻或是不推翻,政治或是不政治,都是非常遥远的事了。

诗人和阿拉贡没有怀念革命的意思,但他们字里行间渗出的怀旧又是什么呢?如果没有全球化,我们恐怕也不会到这里听没落的贵族和重生的诗人讲故事。阿拉贡安排的造访中,无意间让我们看到了这个时代正在同时告别的东西:贵族与革命。这一对相生相杀的概念如今却在一起消亡,与它们相关的激情、热血和尊严,成了历史的叙事,在当下的现实中带着强烈的不实的色彩——无论是可以化成一尊雕像的斗牛士,还是和马尔克斯笔下事迹惊人相似的诗人。

这种不实感围绕着我,也围绕着我们周围的人。坐在旁边的大学老师中有一位是古巴人,他死活不相信我是牛津大学的学生,拿着我的学生卡反复研究,他不明白我来这个穷乡僻壤的目的。时代也告别了理念。我们的行为不再能被模糊不清的理念解释,它一定得符合理性的逻辑。就像我们对阿拉贡的猜测:他带我们一程也不会是出于讲故事的冲动。他要捡起英语这门技能,这是当年为了留学美国准备的,不知最终为何没能成行。他的姐姐,和不少当地人士一样,早就移民美国了。所以,这可能是未来美国之行的准备,或是他口中"多赚些钱"的方式之一。

正当我们犹豫要如何开口讨论报酬的时候,阿拉贡却先和我们告别了。

"我所知道的故事就此讲完了。在阿亚库乔,所有的人都已离去,留下的一切等待死亡。"

他说自己不是写作的料,但随口的感叹竟和流淌的诗歌一样。我们在倾斜的街道上分走两头,我们要去下面的闹市,他背起手朝上走。强烈的阳光从街道的顶端照下来,阿拉贡成了一个模糊的黑影,随着他一步步向上接近太阳,影子也越来越小,最终融为一个突然消失不见的黑点,就像它从未出现过一样。我想他是听不见道别了。

也许所有的创作者与英雄,最后都必须回归自身。张爱玲的中后期写作,就是一场艰难无比的奥德修斯之旅。

临水照花人的尤利西斯
—— 谈张爱玲的后期写作

撰文 文珍

话题 ○ 临水照花人的尤利西斯

尤利西斯就是荷马史诗里的奥德修斯。即便肉身无法回归,魂魄也要万里寻亲,寻最初的往生和来路。

[一]

早在上世纪七十年代后期的台湾,她已如同任何一个被过度波普化的偶像一样,随时可能出现在恰当或不恰当的地方。好比切·格瓦拉的红黑头像或许象征革命、自由与正义,也可能仅仅只是一张代表反叛姿态的旅行明信片或海报;梦露的白裙代表永恒的玫瑰与性感,也不无轻佻地暗示消费主义时代日益被物化的女性。

而她,作为最后的海上传奇和最著名的民国女子,无数假她之名的金句在互联网上广为流传——然而多半连腔调都没有学像。每逢她的生辰忌日,各大网站也多推出图文并茂的纪念专题,里面却往往错夹了她母亲的照片。和她有关的文章不胜枚举，却只纠缠于那场著名的情爱官司，讨论男女攻防之道。他们并不认得她，却一直消费她，只因她是个名人、任人涂抹的偶像，鲜少有人肯把她还原成一位单纯的作家。

起初我认识她，也只不过是低垂的单眼皮，睫毛的阴影像蝶翼一样轻打在瘦削长圆的鹅蛋脸上。另一张常见的照片上，她双手叉腰，冷眼斜睨世人，眼睛里并没有想要取悦谁的神气，但写着人人都爱看的故事。

有人说见她之后，才知道原来"艳也不是那艳法，惊也不是那惊法"。只好笼统说成是"临水照花人"。还是她提醒他可以用宋江赞九天玄女的话形容自己，"天然妙目，正大仙容"。当然是自恋，但一看也知道是在尽管短暂但有恃无恐的爱中。

她早年的照片还有一张是童花头挤在两个女眷中间——其中一个可能就是她年轻时候的姑姑。齐刘海下面的圆脸抿出微笑，远看不出来后来的特立独行。并且胖，看上去对这个世界是满意的。

最后一张就是临去世前两月拿着金日成去世讣闻的照片了。眼睛里忍笑的光似乎还在。

镜子里反映着的翠竹帘子和一副金绿山水屏条依旧在风中来回荡漾着，望久了，便有一种晕船的感觉。再定睛看时，翠竹帘子已经褪了色……镜子里的人也老了十年。

比起她鼎盛风光的时期,这照片已经整整老了五十年。半个世纪以来,她不但行迹难觅,公开发表的近作同样寥寥。然而因为命运种种离奇的安排,这个被文学史错过几十年的名字,旧作、佚作、遗作再度被人从故纸堆里逐一翻检出来,重新奉为圭臬。

在还活着时,她就被封了神。海内外文学从业者追踪她后半生的行踪,细数她赴美早期的出版挫折和职业打击,研究她与友人的通信,用工笔描摹出一个心如古井孤寂度日的晚年形象。最疯狂的案例,自然是一九八○年某记者搬到洛杉矶她的寓所隔壁,每天翻检她丢出的垃圾,完成一篇"侧写报道"——然而这都是他们自己的小说,不是她的。

是的,说了这么多,我说的正是她:Eileen Chang。本名张煐,后为张爱玲。

一个名字的诞生或许只是出于偶然。而一个名字的传世多半是一个人曾奋力创造以抗虚无的明证。

[二]

这无疑是我这一生中最难写的文章之一。比任何论文、小说、散文、诗歌都要难，因为对象是她。

和所有人一样，我早看惯她的奇装异服，记得分明她讥诮世人的笑，听说她"身材怎会这样高"，知道她爱吃"司空"小面包却不喜下厨，通感力好到闻得见桃红色的香气，会弹钢琴也会画画，写过剧本并曾想过以此谋生。然而如此种种全是皮相，全不重要。正如她写给夏志清的信里说：你知道的，我得到的世间好意全来自文章——原书不在手边，意思大抵如此。

我想她一生中的大多数狂喜，也多半来自懂得她文章者的"连朝语不息"。第一个张迷，就是她第一次的爱。

她早年说，但凡报上夸她，说得不对，她亦高兴，文章会一一剪下留存。却不知道晚年她对追捧避之不及，想起当年的话是否啼笑皆非——寂寞了这么些年，作家也许如藏在阿拉丁神灯里的巨人，有报复迟来的发现者的快意。

抛开作者心情不提，根据断点印象快速勾勒一个人物生平也是容易的：早年只觉"出名要趁早"。五十年代起，意图以英文写作打开欧美市场终至幻灭，靠翻译、创作剧本只可糊口并不扬名，研究求职屡屡受挫，六十年代前往台湾，寄希望能靠写张学良赵四故事转运也无果而终。晚年她彻底隐居，每日受困于"咬啮性的小烦恼"，而将那些改了又改总不肯示人的晚期作品压在箱柜，甘愿领受外界江郎才尽的猜测——事实大抵如此。人证物证一应俱全，非要我用自己的话把这些重说一遍又有何意义？

这十几年来写过关于她的文章，除了一篇《异乡记》的三四百字读书笔记，不过一篇比较《十八春》和《半生缘》版本的短文，也不到两千字。越喜欢就越不知从何谈起，就像对最要紧的人往往说不出那个最要紧的字。这些年她的书有几本也一再重看，也并不觉得一定要为之写些什么。真要动笔了，才知道自己原来离一个合格的"张迷"境界还远，世上早有无数比我更肯花工夫在她身上的人。书越看越多，最终只发现自己仍然无话。

胡兰成说"桃花难画，因要画得它静"，因桃花本是最明艳生动的花。而张爱玲难写，也是同样。所有的话似乎都已说尽。女性观，文学观，情爱观，弗洛伊德心理，反抗父权意识，乃至于月亮太阳种种意象，都早有人大费周章做了论文，中间不乏真知灼见者，林林总总，完全不差我这一篇。然而吴琦是这样一个合格的主编和出色的催稿者，绝不肯让我反悔自己年初在"张爱玲之夜"后信口说的话，又提醒这一期《单读》的主题是"消失的作家"，她正好合适。

天涯海角，有个名字在牵我招我，一再唤我回去。

已经有这么多人找过她、写过她了。而她还必得要我再找一次。

找她就是找自己，也许。厘清一个志业写作者可能遭遇的一生：这诱惑之大我躲不过去。

[三]

张爱玲最先叩问海外市场的作品是《秧歌》和《赤地之恋》。前者的英文版 *The Rice Sprout Song* 勉强算小获成功,后者完稿后却迟迟卖不出去,作者给出最窝囊的理由是,中国人的名字全是三个字,外国人分不清——却无视俄罗斯人名显然更冗长,并不影响他国阅读的事实。归根结底还是人离乡贱,欧美读者不买账。

她以前从没这样费心取悦过读者。生于钟鸣鼎食之家,饱读中西诗书,又有不世出之才,把亲戚间遗老遗少的故事改头换面,便足以成为上海孤岛时期文坛"最美的收获"。胡兰成曾问过她有什么是写不了的,"答说还没有何种感觉或意态形致,是她所不能描写的,惟要存在心里过一过,总可以说得明白"。

势必要遇挫之后才知此一时,彼一时。在人矮檐下,不得不低头。

有人说张爱玲写作英文比中文耐心完整,但《赤地之恋》艰难付梓之后,几乎没有反响,偶有评论也很尖刻,说"里面的人物让人作呕"。作者的苦心孤诣完全明珠暗投,陌生读者对她曾经的盛名毫无认识,对小众题材和繁复意象也缺乏兴致。他们要看的也许是"对中国农民生活史诗般的描述……使人类的同情心越过遥远的种族距离,并对人类的理想典型做了伟大而高贵的艺术上的表现"（诺贝尔文学奖获奖评语），比如凭《大地》获1938年诺贝尔文学奖的赛珍珠；抑或是战火纷飞中富有罗曼蒂克色彩的异国传奇，比如韩素音的《瑰宝》；再不济，因"赤祸千里"而饱受荼毒的中国社会速写也能满足部分读者，他们对他国局势好奇，却早有成见了。张爱玲所能提供的一切全不合适。饶是她已做出了对于时局批判的最大努力，也依旧要被美国杂志批评，"把旧社会写得这样坏，岂不是说共产党英明"？

张氏特有的华丽苍凉、软弱不彻底的主人公，愈往后愈"平淡而近自然"的风格，情调全是中国古典式，离开本乡本土就要害水土不服：原本就不是放诸世界而皆准的。与其说"橘生淮南则为橘，生于淮北则为枳"，不妨从读者接受理论分析，不过所谓"甲之熊掌，乙之砒霜"。

她没有想到从小向往的西方文明世界，广大读者的肠胃竟不能够消化她特供的珍食美馔。这打击之大非同小可，即便正处于创作盛年的作家，也同样需要好几年的时间方能真正接受。

而对于当时各种运动甚嚣尘上的国内，去国之举已相当于在新中国成立后的文坛自动除名，这两本书更等同于给万恶的资本主义世界的投名状，中文版至今无法出版，张爱玲写作时大概也从未想过要再回头。然而出师未捷，我们可以想象她彼时的进退维谷：就像古代书生穿越到现代，陡然发现自己的锦心绣口再无用武之地。从此不但在她所不擅长的现实生活中"等于一个废物"，连在最引以为自傲的文字世界里，也随时可能沦为边缘。

现实的风霜刀剑之下，张爱玲不得已提笔重为中文读者写作。这时的中文出版市场已急遽萎缩，她的创作只能暂时供应有限的港台读者。《五四遗事》就于1957年发表在夏济安、宋淇等人编辑的《文学杂志》上，是她在台湾刊登的第一篇小说。

去国方始怀乡。如果说她的中后期写作是一场艰难无比的奥德修斯重返自身之旅，也许正可以从这篇不算引人注目的《五四遗事》说起。

[四]

张爱玲当时或许已知胡兰成在台湾，却偏写了一个三美团圆的故事。"小团圆"的同主题变奏初现端倪。

这篇与华美的早年风格相比，文字已趋向洗练，情节则愈见婉曲。人物一开始的动心都是真的，罗和密斯范西湖同舟的脉脉含情仿佛也足够用个十年八年。在柏拉图式的恋爱维持了一段时间后，双方都感到关系再进一步的需要。

话题 ○ 临水照花人的尤利西斯

当天她并没有吐口同意他离婚。但是那天晚上他们四个人在楼外楼吃饭，罗已经感到这可以说是他们的定情之夕，同时觉得他已经献身于一种奋斗。

然而罗回去之后一切进行得并不顺利。

这天晚上，他向她开口提出离婚。她哭了一夜。那情形的不可忍受，简直仿佛是一个法官与他判处死刑的罪犯同睡在一张床上。不论他怎样为自己辩护，他知道他是判她终身守寡，而且是不名誉的守寡。

——这一段不禁让我想起哈金的《等待》出色的开头："每年夏天，孔林都回到鹅庄同妻子淑玉离婚。"而哈金毕竟比张爱玲幸运得多，他所处的时代，西方人已经有较多的耐心和同理心对待中国现实的复杂与独特性。

回到《五四遗事》。在漫长到仿佛无望的等待中，密斯范迫于家庭压力与当铺老板相亲。然而罗此时其实已离婚在即，甫一成功立刻借媒妁之言负气娶了别人。密斯范婚事并不顺利。这时又有好事者安排范罗重逢。果然他们也就如电影小说常见的桥段，迅速旧情复炽起来："罗这次离婚又是长期奋斗"。此前多是限制视角的男主人公单方面描写，这时第一次也是唯一一次出现了密斯范的心理分析：

The larger function of sentimental education, perhaps is not enough for her to fully comprehend the opposite gender, but quite sufficient to inspire the author to understand all the female characters in her life who are or once were important, such as her mother, auntie, stepmother, etc. Hence, she joins them, starting as a girl to meet all women in the world, comprehend her gender and the instinctive rules she resisted but has to follow by nature. A beginning to understand life.

—Wen Zhen

密斯范呢，也在奋斗。她斗争的对象是岁月的侵蚀，是男子喜新厌旧的天性。而且她是孤军奋斗……结果若是成功，也要使人浑然不觉，决不能露出努力的痕迹。她仍旧保持着秀丽的面貌。她的发式与服装都经过缜密的研究，是流行的式样与回忆之间的微妙的妥协。他永远不要她改变，要她和最初相识的时候一模一样。然而男子的心理是矛盾的，如果有一天他突然发觉她变老式，落伍，他也会感到惊异与悲哀。她迎合他的每一种心境，而并非一味地千依百顺。他送给她的书，她无不从头至尾阅读。她崇拜雪莱，十年如一日。

笔调颇为轻快，背后却有无尽哀矜——我们也许记得《小团圆》里，盛九莉最初对邵之雍也有强烈的崇拜——很难说此处没有作者本人的心理投射。果然他们历经磨难结婚后，一切过往情愫都因为对现实的失望迅速败坏。罗失望于密斯范不再讲究妆容，而密斯范犹如绷紧太久的弹簧陡然松开，出恶声说罗不像男人。此处叙述转急而字字刻毒：罗重新想起前两个妻子的好处，听人劝说陆续都接回同住——即便"从前的男人没有负心的必要"，但这故事也发生在五四运动的十几年后了！这正是这小说甚至胜过《金锁记》的平静恐怖之处。罗反抗若干年，最后对荒诞现实非但全盘接受，甚至比一般人更进一步；密斯范虽然哭闹着要自杀，到头来依旧设宴招待两位情敌的娘家——也许是自恃地位已足够安全了。

《五四遗事》的英文版名字比中文版名字更一目了然：
STALE MATES: A Short Story Set in the Time When Love Came to China。

"当自由恋爱最初进入中国"，这漫画式的速写短篇，一方面也许为讽刺过渡时代的中国新旧思想混乱的现实；另一方面，正可视作者对自身情事的首次翻案，以及对同时代若干同性的怒其不争：比如周训德，抑或范秀美。换她自己，这情形自然是不能容许的：因为热情的丧亡，因为情感的背叛，因为局面本身的"嘈剌剌，一锅烩"。但事实上她自己也差一点就沦落到了这地步。胡兰成的《今生今世》里说："我已有妻室，她并不在意。再或我有许多女友，乃至挟妓游玩，她也不会吃醋。"又说张曾对他表白："你将来就是在我这里来来去去也都可以。"这无可无不可的风流自赏对比后来《小团圆》里九莉的万念俱灰，尤显残忍可笑。

然而无人能够拔起头发来脱离自己的时代。邵之雍不能，盛九莉不能，张爱玲同样不能——作为创作者的唯一可安慰处，在于可以一遍遍通过文字检视内心与过去的距离，无数次重说变形。

[五]

五六十年代张爱玲给"电懋"写的那些剧本我都找来看过,多半不喜。那些用中文写就的剧本,竟比她的英文小说离我们更远。里面最大限度地体现了张爱玲对于市民阶级的同情和通俗化的努力,几乎放弃了她原本对小说的立场:"戏剧化是不健康的"。然而创作惯性使然,她习惯构建的冲突仍旧是茶杯里的风暴,精巧单薄的世情轻喜剧,因此格局并不开阔,趣味也就流俗。这也许是作者对电影观众始终不如对待小说读者打起全副精神的缘故。她早年在《论写作》里就写说:

"作者们感到曲高和寡的苦闷,有意的去迎合低级趣味。存心迎合低级趣味的人,多半是自处甚高,不把读者看在眼里,这就种下了失败的根。既不相信他们那一套,又要利用他们那一套为号召,结果是有他们的浅薄而没有他们的真挚。读者们不是傻子,很快地就觉得了。"

她的剧本人物除了《多少恨》里的虞家茵,多数不够可爱。而性格最彻底的是虞老太爷,又实在坏得太无孔不入了些,是所有创作中最扁平的人物,集中体现了张爱玲对父权的蔑视也未可知。总而言之,张爱玲的电影剧本里,多的是小说缺点而非优点。

正如替美新处所做的翻译工作一样,这一切在她,都是谋生之道，而非真正的使命。在后世看来，不免要替她痛惜不必要的精力旁落，然而试想之，失落感、水土不服和写作瓶颈只是张爱玲必须要克服的心理障碍，没有固定经济来源是更无法忽视的物质窘境。她1954年开始和胡适通信，被称赞《秧歌》"写得真细致、忠厚……近年来我读的中国文艺作品，此书当然是最好的了"，然而胡适不过是一个偏巧也喜欢《海上花》风格的中国学者，影响力既不足以撼动美国主流文坛，推荐语亦不能印在作品腰封上变现。即便《秧歌》得到《纽约时报》《星球六文学评论》《时代》杂志的一致好评，该书的畅销程度也远比不上张认为不如自己的韩素音。

韩素音，英籍华裔，1917年生——只比张爱玲早三年——几乎可视作同时代人。父亲祖籍广东五华，母亲玛格丽特出生于比利时贵族家庭，第一本自传体小说《瑰宝》在美一出版即大获欢迎，成为英文世界第一位如日中天的中文女作家。1955年，好莱坞将《瑰宝》搬上银幕，翌年即斩获三项奥斯卡奖项。符立中在《张爱玲大事记》里如是记录：该影片拍摄时曾赴香港取景，"为开埠以来一大盛事，而张爱玲彼时亦在香港"。

韩当年风光，对另一个自视甚高成名亦更早的同时代女作家的刺激，自然不应小觑。有理由相信，也许正因《瑰宝》的一纸风行，首次让张爱玲产生写作自传性小说的念头。而1957年其母黄逸梵在英国病逝，其父张志沂早已在四年前于上海辞世，父母双亡于她既是打击，更是自传性写作得以实施的重大驱动。

很多人都无法原谅张爱玲在《雷峰塔》里早早把另一位当事人陵写死，但考虑到文中十七岁的琵琶被监禁时，弟弟给亲戚写的不分皂白的信，我们也许能原谅作者偶一为之的任性。人对背叛至爱亲朋的痛恨，向来比对敌人的报复要更彻底。更何况也许作者还抱有一丝侥幸：《雷峰塔》是英文小说，国内不一定看到——况且她弟弟英语不好。

情节本是创造者能获得的最大自由。同一母题的每次重述，如同一场微型的改朝换代，任何人都很难不着迷于这创世的权力。在下一次同题变奏《小团圆》中，她悄然放弃了报这一信之仇，继续让弟弟九林安享晚年，假装上一次只是一场儿时游戏的延续——孩提时代，琵琶和弟弟总是扮演两名相争的青年骁将月红与杏红，而游戏的结果，从来不是你死，便是我亡。

[六]

《雷峰塔》主要包括琵琶的童年和少女时代，而《易经》写女主人公十八岁到二十二岁的维多利亚大学阶段，同时包括极复杂的母女暗斗。这两本书都尚未言及情爱。

《小团圆》又在前两只小板凳的基础上往前走了更远。前半部分有一句话值得特别注意："归途明月当头,她不禁一阵空虚,二十二岁了,写爱情故事,但是从来没恋爱过,给人知道不好。"这是在九莉即将告诉比比遇到邵之雍之前的最后一段。

通常研究者讨论张的创作阶段,多数以她离开大陆、离港赴美等具体空间的改变作为分水岭。但鲜少有人提及"情感教育"。事实上,在遇到胡兰成之前,张爱玲已相当得心应手地处理了一个早慧者在大家族冷眼旁观得来的大量间接经验,中间也不乏爱情故事,但真正属于她自己的罗曼司却还没有开始——童年和少年阴影不算,哪怕对于母亲和姑姑无条件的爱,也夹杂了对于西方世界和文明的向往,不够纯粹。

张爱玲与胡兰成相遇,当在《封锁》登出不久,1943年的初冬。认识胡后完成的第一篇作品,应是《年轻的时候》,刊登于《杂志》1944年2月。比较这两篇,也许能看出《年轻的时候》比《封锁》的笔触已多了几分温度。她初入文坛及得心应手的"传奇"写法渐渐被摒弃了。爱中的人也许还有一种改变,就是不再迷恋于定义爱情。她此后一两年的作品,《等》《留情》《桂花蒸 阿小悲秋》,题材更为广阔,讽刺却转温和。高强度的写作到一定程度自动进阶,另一方面,最初的情感教育让作者真正成为人生的槛内人，再非仅仅只以"一双毒眼看透三姑六婆"的局外人。

以一篇被谈论较少的早期小说《茉莉香片》为例试做分析。《小团圆》里，九莉和邵之雍邂逅之前，楚娣已经开始断断续续地告诉她蕊秋的当年情事。

"二姊那时候想逃婚，写信给汤孤鹜。"

这句线索大概就是《茉莉香片》的写作缘起。那是一个相当阴郁的哥特式成长故事，虽然也提到爱情，字里行间却充满了一个早熟而不幸的少年无法自择身世的无望，又藏有一种恨不能毁灭一切的孩子气的暴虐。男主人公聂传庆被母亲曾经的恋人言子夜在国文课堂上斥责后，子夜的女儿、同班女生言丹朱随他上山意图安慰，他受到感动，对她有过一段突如其来的热情表白：

> 他紧紧抓住了铁栏杆，仿佛那就是她的手，热烈地说道："丹朱，如果你同别人相爱着，对于他，你不过是一个爱人。可是对于我，你不单是一个爱人，你是一个创造者，一个父亲，母亲，一个新的环境，新的天地。你是过去与未来。你是神。"

张爱玲早期的小说里，对于"爱"最剧烈的表达程度，不过如此。然而这显然不是真正的爱：爱没有那么复杂，不承担那么多外在意义。爱就是男女相悦本身。这篇小说

是作家代青春期饱受屈辱、自己逃出后仍留在家中受苦的弟弟而写,连聂传庆的外貌特征,都和《小团圆》里对九林的外貌描写一致:

惟有他的鼻子却是过分地高了一点,与那纤柔的脸庞犯了冲。(《茉莉香片》)

还是颈项太细,显得头太大,太沉重,鼻子太高,孤峰独起。如果鼻子是鸡喙,整个就是一只高大的小鸡。(《小团圆》)

她和她想象中的弟弟同样不懂得爱情,只希渴望快速结束这漫长的痛苦的青春,一种懵懂混沌尚未对外发作过的蛮荒之力,总而言之,这心智情感并不完全属于成年人,更不属于一个真正成熟有力的作家。

《沉香屑·第一炉香》《封锁》《心经》《琉璃瓦》的爱情,也统统带有不同程度的幻想成分。里面看待女性的态度,如果不是小女孩对待成年人情爱世界的轻微的不洁感,就是一种青春期未恋爱的女生看待同班女生跌入爱河的微妙不屑。她自己当然并不在里面,她只是个过分理性又聪明的看客。

《倾城之恋》和《金锁记》的好处,也不在于男女,而在于男女之外的世态人心。也许正因为此,傅雷才会如此严厉地批评范柳原和白流苏：

> 两人的心理变化，就只这一些。方舟上的一对可怜虫，只有"天长地久的一切全不可靠了"这样淡漠的惆怅。倾城大祸（给予他们的痛苦实在太少，作者不曾尽量利用对比），不过替他们收拾了残局；共患难的果实，"仅仅是一刹那的彻底的谅解"，仅仅是"活个十年八年"的念头。笼统的感慨，不彻底的反省。病态文明培植了他们的轻佻，残酷的毁灭使他们感到虚无，幻灭，同样没有深刻的反应……勾勒得不够深刻，是因为对人物思索得不够深刻，生活得不够深刻；并且作品的重心过于偏向顽皮而风雅的调情。

这批评非常敏锐地感知到了张早期小说中某种不够健康的倾向，虽然完全开错了处方。事实上，关键并不在于作者思索得够不够深刻，而在于虽有稀世才华和技巧，本人却"情窦未开"——非不愿为，是不能为也。张爱玲也许意识到了这一点，才会在若干年后自嘲。然而很快，可以爱的人就出现了。一切的一切，都全不相同了。"一切该发生的关系都要发生"，而只要发生，便就永远没有回头路。

他坐了一会站起来，微笑着拉着她一只手往床前走去，两人的手臂拉成一条直线。在黯淡的灯光里,她忽然看见有五六个女人连头裹在回教或是古希腊服装里,只是个昏黑的剪影,一个跟着一个,走在他们前面。她知道是他从前的女人,但是恐怖中也有点什么地方使她比较安心,仿佛加入了人群的行列。

情感教育更大的作用,也许不足以让她立刻完全懂得另一个性别,却足以让作者开始理解母亲、姑姑、继母,乃至于生命中一切重要过或者继续重要的女性角色。她从此加入她们,也开始由一个女孩理解世界上所有的女人,理解自己所处的性别,理解她所抗拒和不得不成为的一种发自本能的规定。开始理解生命。

最初写《年轻的时候》,还只有隐隐的怅惘的不确定性。这初尝的人生况味尚属年轻,还不乏狂喜,真正的痛苦,日后才会愈演愈烈。

[七]

一个自成风格的作家,必然有其处理材料的惯用方式。这方式同样随时日增加而改变。

张爱玲早期的短篇小说结尾常常是陈述性的:"他现在……""汝良从此……""然而敦凤与米先生在回家的路

上还是相爱着",用现代某类批评的说法,或许可以称作故事的完成度高。到《雷峰塔》《少帅》,她的风格为之一变,未必是未完成的戛然而止,也可能是某种有意为之的解甲归田,让小说的结尾具备了某种门户洞开的现代性。

他已结束了军阀时代……终于是二十世纪了,迟到三十年而他还带着两个太太,但是他进来了。中国进来了。(《少帅》)

她顺着车厢走,望进车窗里。走道上挤满了人,可是她还许能挤进去,找到何干,再说一次再见。她回头朝车厢门走,心里业已怅然若失。宽敞半黑暗的火车站里水门汀回荡着人声足声,混乱匆促,与她意念中的佛教地狱倒颇类似。那个地下工厂,营营地织造着命运的锦绣。前头远远的地方汽笛呜呜响,一股风吹开了向外的道路。火车动了。

基本放弃判断,放弃引导和影响读者,是张爱玲晚期写作的另一大特色。同时文字日趋洗练,四处留白增多,她自己定义这是一种"含蓄"。而无节制的感伤主义,也即郁达夫所谓"三底门答尔"(sentimental),正是张爱玲绝不认同的:"现代西方态度严肃的文艺,至少在宗旨上力避'三底门答尔'。"

如果不"三底门答尔",那么究竟如何含蓄?

含蓄的效果最能表现日常生活的一种浑浑噩噩,许多怪人怪事或惨状都"习惯成自然",出之于家常的口吻,所以读者没有牛鬼蛇神"游贫民窟"(slumming)的感觉。(《谈看书》)

此处以《小团圆》为例。开头第二段,即点明故事主角,限制视角与任由时间背景游移不定,时空自由切换。

九莉快三十岁的时候在笔记簿上写道:"雨声潺潺,像住在溪边。宁愿天天下雨,以为你是因为下雨不来。"
……
但是她常想着,老了至少有一样好处,用不着考试了。不过仍旧一直做梦梦见大考,总是噩梦。

等待的当然不仅仅是考试,更等噩梦悠悠醒转,一切重新洗牌。从这个意义上,《小团圆》和《红楼梦》相类,都是一场疑幻实真之梦。梦中幻影幢幢似乎都非实体,不足以对"我"乃至于创作者本体造成任何实质性伤害。这种看似浑浑噩噩、实则心理上启动自我保护机制,在文本其他地方也随处可见。

从这时候起,直到二次世界大战结束,有大半年的工夫,

话题 ○ 临水照花人的尤利西斯

她内心有一种混乱。上面一层白蜡封住了它，是表面上的平静安全感。这段时间内生的事，总当作是上一年或是下一年的，除非从别方面证明不可能是上一年还是下一年。这一年内一件事也不记得，可以称为失落的一年。

九莉始终默然，心里也一片空白，一听见了就"暂停判断"……也许因为她与三姑是同舟的难友。

碧桃与她一同度过她在北方的童年，像有种巫魇封住了的，没有生老病死的那一段沉酣的岁月，也许心理上都受影响。她刚才还在笑碧桃天真，不知道她自己才天真得不可救药。一直以为之雍与小康小姐与辛巧玉没发生关系。

九莉尽量地使自己麻木。也许太彻底了，不光是对她母亲，整个的进入冬眠状态。腿上给汤婆子烫了个泡都不知道，次日醒来，发现近脚踝起了个鸡蛋大的泡。

主角混沌懵懂的天真，正好达到了一种让读者眼见恐怖马上就要发生、焦灼万分而无法知会书中人的在场感。又好比看着战火燃到一个梦境里去，把所有保护层摧毁殆尽，如此大难，梦中人才轻微地发出一声呻吟，只有这样完全无辜也仍无可避免的痛楚，才会让读者得到最大程度的怜悯与震动。

描摹精神痛苦的最高级别，也许就是直接转化成生理疼痛。可若只是说最常见的"心痛如绞""五内俱焚"，那就不是张爱玲。

并不是她笃信一夫一妻制,只晓得她受不了。她只听信痛苦的语言,她的乡音。

"她从来不想起之雍,不过有时候无缘无故的那痛苦又来了。威尔斯有篇科学小说《摩若医生的岛》,写一个外科医生能把牛马野兽改造成人,但是隔些时候又会长回来,露出原形,要再浸在硫酸里,牲畜们称为"痛苦之浴",她总想起这四个字来。有时候也正是在洗澡,也许是泡在热水里的联想,浴缸里又没有书看,脑子里又不在想什么,所以乘虚而入。这时候也都不想起之雍的名字,只认识那感觉,五中如沸,浑身火烧火辣烫伤了一样,潮水一样的淹上来,总要淹个两三次才退。

她看到空气污染使威尼斯的石像患石癌,想道:"现在海枯石烂也很快。"

我从未看过比这几段描写痛苦更好更直接的文字。惟其克制,才让人分外恻然。惟其清洁,才避免了任何让人厌倦的多余感伤,矫饰渲染。以文字最终能抵达这样真实可怖的程度,和作者晚年所信奉的含蓄美学有关——"含蓄最大的功能,是让读者自己下结论。"

[八]

张爱玲的前期作品也许可以视为向外部借来的"醒世恒言",凭借出众才华、阅读准备,可以部分弥补生活经验的不足。如果说前期作品存有某种生命感,大抵是作者同时把自己成长过程中的许多碎片藏在它们中间,然而密度毕竟稀薄。

和许多年轻而才华横溢的创作者一样,姿态愈讲求华丽苍凉,可能偏离事物本质愈远,说出金句容易,但人生不能只靠金句去活。即使偶尔碰巧道出一两次真相,也可能只是误打误撞。越往后来,越来越充沛的生命感才开始持续注入她的创作中。到了《雷峰塔》《易经》《小团圆》,这种气息日趋完整、强烈。

张爱玲晚年在她最重要的一篇散文《谈读书》里说:"在西方近人有这句话:'一切好的文艺都是传记性的。'"这句话出处未知,却可以作为作者一再重复的夫子自道。

当然实事不过是原料,我是对创作苛求,而对原料非常爱好,并不是"尊重事实",是偏嗜它特有的一种韵味,其实也就是人生味。而这种意境像植物一样娇嫩,移植得一个不对会死的。

究竟如何才能够移植正确？"作者可以尽量给他所能给的，读者尽量拿他所能拿的。"如果一次不能给够，那么就给第二次、第三次、第四次，直到意境移植完全为止。故事显然并不是一个好作家应该提供给读者的全部。已经明确了"说什么"之后，剩下的，就是怎么说。

我看《小团圆》的第一次第二次都被结尾的梦催泪，看到第三次却再也哭不出来，方始震惊于作者笔力之强，技巧之炉火纯青，同时又臻于化境，大道无形。对同一段材料的不同改写，好比富有天赋的器物制造者不断研究实用性和美观兼顾的器形。到了《小团圆》，此前漫长的种种准备和建设工作才终于完成。箭在弦上。

大考的早晨，那惨淡的心情大概只有军队作战前的黎明可以比拟，像《斯巴达克斯》里奴隶起义的叛军在晨雾中遥望罗马大军摆阵，所有的战争片中最恐怖的一幕，因为完全是等待。

我们绝不应该忽略《小团圆》至关重要的这句话。它既是开头，也是整本书的结尾。除掉结构上首尾相连的圆环式美感——类似欧洲的圆舞，一曲终结，舞伴各自回到最初——这句话更重要的意义，是造成一种形同宣战的语气。

以此开头之后，便意味着作者将穷一生之学，以摧枯拉朽之势，向目的地前进。

无穷尽的因果网，一团乱丝，但是牵一发而动全身，可以隐隐听见许多弦外之音齐鸣，觉得里面有深度阔度，觉得实在，我想这就是西谚所谓 the ring of truth——"事实的金石声"……既然一听就听得出是事实，为什么又说"真实比小说还要奇怪"，岂不自相矛盾？因为我们不知道的内情太多，决定性的因素几乎永远是我们不知道的，所以事情每每出人意料之外。即使是意中事，效果也往往意外。"不如意事常八九；就连意外之喜，也不大有白日梦的感觉，总稍微有点不以劲，错了半个音符，刺耳，粗糙，咽不下。这意外性加上真实感——也就是那铮然的金石声"——造成一种复杂的况味，很难分析而容易辨认。(《谈看书》)

散文《谈看书》与《小团圆》初稿正完成于同年（1976年）。某种程度上，这段关于"真实比小说还要奇怪"的展开论述，正可以视作《小团圆》的思想背景和创作指南。技巧之外，作者自我解剖的决心和总攻一切的壮烈，又几可比拟鲁迅《野草》中的无物之阵。

但他举起了投枪。

他在无物之阵中大踏步走,再见一式的点头,各种的旗帜,各样的外套……。

但他举起了投枪。

他终于在无物之阵中老衰,寿终。他终于不是战士,但无物之物则是胜者。

在这样的境地里,谁也不闻战叫:太平。太平……。

但他举起了投枪!

张爱玲最终是以一个战士的姿态而非柔弱才女的形象,给自己的一生创作画上了一个酣畅淋漓的句点。这样酷烈的作品当然不能为任何人写,只能为自己。但吊诡之处在于,无论是《小团圆》还是《野草》,都是作家最有力量也最美的作品。

他们回归自身,不为任何人写。却最终大步走向了更广阔的人间世。

[九]

她早年宣称"出名要趁早",立志成为风头最健的作家,晚年却对友人说:"我想写的,多数都是别人不要看的。"

奥德修斯海上漂泊十年,回到家中,设计杀死所有求婚者,并与妻子互证心迹。

也许所有的创作者与英雄,最后都必须回归自身。而打破一切之后的归来,实际上也不是归来,而是涅槃重生;最后临水照花,看到的已不再是花是水,而是浮花浪蕊幻影散尽的无限真实。

大多数人却不知道,为了抵达这真实,一个人需要历经多少磨炼与锻造。这种意义上再看张爱玲形容的"灵魂过了铁",又是别有一番滋味。

她的《天才梦》如此开头:"我是一个古怪的女孩,从小被目为天才而存在。"傅雷《论张爱玲的小说》如此结尾:"'奇迹在中国不算稀奇,可是都没有好收场。'但愿这两句话永远扯不到张爱玲女士身上!"另一位批评者柯灵则早下定论:张爱玲的文学生涯,辉煌鼎盛的时期只有两年。

是耶,非耶?张晚期作品的陆续出土,在不言自明地驳斥了柯灵论断的同时,更隔空回答了傅雷先生:所谓的奇迹并非凭空生发,也自有去处;所谓收场无论好坏,最终也只与自身攸关。

回到这一次的主题,我想她都会永远在。只要现在、日后、更久远的未来还有人在读书,张爱玲就永远不会消失。

而从《五四遗事》到《小团圆》,我所能知道的一个真正的创作者穷其一生的雄心、不甘与奋争,一个万转千回的热情故事幻灭后剩下来的一切，有限身与无尽意的和解，都在此处了。

> 2016年7月20日北京飞拉萨上空初稿
> 2016年7月22日拉萨仙足岛二稿
> 2016年7月26日拉萨仙足岛三稿

之所以坚持写作异国,是因为前一辈的非虚构作家快把美国写尽了,何伟在发展中国家看到了机会,中国的发展速度、埃及的政治变革——这些变化是世界的新东西。

三个关于何伟的写作练习

撰文　吴琦

[一] 大规模接见

何伟来了。自 2011 年以来,他已经在中国内地出版了三本书,这是他第一次大规模"接见"自己的读者——有读者评论,他走的是"群众路线",写的是新时代的"红宝书"。中国人直言不讳对他的喜爱和崇拜,他们拿着英文版、繁体中文版、简体中文版的何伟作品,排在长队里等待签名,像是捧着不同版本的写作圣经。即使已经提前得知在北京、上海八天的行程里,自己要面对十几家媒体专访,几乎每天都有公开活动,何伟仍然对自己受到的欢迎感到惊讶。每次他都需要在人群中间劈开一条小路,才能走到所有目光的中心。这种时候,他会露出慌张的表情,像一只兔子走错了森林。

在单向街书店演讲之前,他先躲在会场旁边的小黑屋里吃饭。门没有闭紧,书和目光不时从门缝里钻进来,想看他一眼，请他签名。其中包括一位《北京青年报》的记者，白天刚采访过他，再来追问几个问题，其中包括，"到底怎么定义非虚构写作？""你是什么星座的？"何伟是双子座，"我也是属鸡的"——他补充。但前一个问题很难说清，旁边的张彦（Ian Johnson，自由撰稿人）替他回答："偷别人的故事，然后卖钱。"

"当明星的感觉怎么样？"趁他吃饭的时候我问。这只兔子赶快把眼神移开，指向他的朋友张彦，"他才是真正的明星，他是美国的篮球明星"。这个笑话并不好笑，他只好改换策略："他以前是我的老板，在《华尔街日报》，我说的是真的。那时候，我找不到工作，他给我的工资是一个月 500 美金，我说的是真的。"他好像很怕因为自己前面的玩笑而影响后面这句的真实性。"一个失败的美国人。"张彦又补了一句。

为了发放此前另一场公开活动的门票，主办方要求报名者通过邮件提交他们想见何伟的原因，一千多封邮件涌来，内容总体上可以用柴静的推荐语来概括："何伟写出了我熟视无睹的中国，和那种亲切的酸楚。那个酸楚就是剧变的实质——人最大的痛苦就是心灵没有归属，不管你知不知觉，承不承认。"报名者中有人夸何伟的文章写得像柴静，但邮件中还有许多比抒情更有趣的内容，比如有人吐槽，"国内现在变化太快了，实际他写的生活已经是上个世纪的事了",一位明显是女性的读者羡慕他的婚姻——他和夫人张彤禾是"最好的婚姻状态",还有人惊呼,"他吃老鼠了!!!"这是何伟的新书《奇石》中一篇短文里的情节,也是他在《纽约客》杂志上发表的第一篇作品。

"我们所做的一切都要被人谈论,然后记录下来。"何伟在《江城》里记述过他初到中国的样子,那是1997年。当时的涪陵人关注他的鹰钩鼻、蓝眼睛——实际上是淡褐色的,还有他的水杯,他的笑声,他踱步的样子。"我好想生活在美国这样的地方,可以拥有你们那样的自由。"一个英文名叫瑞贝卡的大三男孩私下告诉何伟。"除了骚扰,中国人对外国人总会有些好奇和迷恋",这是他当时的总结。近二十年过去,这种"外国友人综合征"仍在以某种方式延续。不同的是,读者们不再用"洋鬼子""大鼻子""哈罗"这样的字眼来称呼他,他们像是见到了老朋友,亲切地问起他和书中人物的近况。很多人专门去过他书中的涪陵、丽水、三岔,结识了他的采访对象。《甲骨文》中一个维吾尔族中年人波拉特得到了最多的提问,读者关心他移民美国的计划到底成功了没有。何伟回答:"他现在是美国的公民,在华盛顿。我最后一次碰见他是三四年前,他过得还可以,但是孤孤单单的。他在美国汽车公司工作,有收入,有保险,没有结婚,因为在华盛顿有一些维吾尔族人,但都是男的。"

很多人愿意用英语和何伟交谈，至少也要夹杂几个英文单词。这是在有外国友人出席的公共活动中常见的。有一些人英文水平极好，流利程度不亚于中文，而另外一些，显然还处在英语学习的初级阶段，更像是找个场合练习口语。来看何伟的外国人也是这样，有的可以讲中文，有的不行。一个戴着耳钉的外国男孩在开场前不停地抖腿，何伟开口之后，他立刻用英文对旁边的女孩说："我一个字都不听懂。""你想走吗？"女孩问。"你不是要签名吗？"男孩反问。重复了好几次之后，两人起身从人群里钻了出去，我幸运地得到了他们空出来的座位之一。这是另外一种误会——他们大概以为这会是一场双语活动，很适合异国情侣一起出席。

何伟说中文的时候像是含着枣核，总是不恰当地在每句话的结尾处加一个"的"字。出版社为他准备了翻译，当他流露出迟疑的表情，这位毕业于北京大学中文系的女孩就会上前几步，准备帮忙，但何伟一般很快反应过来，她又退回去。这个情景让我想起书评人云也退写过的一篇对《奇石》的书评，题目是《故事一点点飘来，何伟远在天边》，稍作改动，就可以用来形容这个场景：翻译一点点飘来，何伟近在眼前。他最近三年都住在埃及，学阿拉伯语，关心那里的考古和政治。之所以坚持写作异国，是因为前一辈的非虚构作家快把美国写尽了，何伟在发展中国家看到了机会,中国的发展速度、埃及的政治变革——这些变化是世界的新东西。

回答一些问题时,他的标准答案是:"我的看法不是很重要,说中国什么好什么不好,不是我的工作。"或者索性反问对方,然后掏出自己的笔记本,反客为主进入采访状态。有人问新书名字为什么叫"奇石",是否意在影射奇形怪状的中国,他回答,只是觉得 Strange Stone 英文发音比较好听——也可能是他不愿承认这重隐喻。有人问,你怎么看待当今中国传统的失落、迷失的信仰、空虚的幸福感,他不接招。只要一提到某些敏感词,不论是时间还是地名,他就会产生并非出于本意的幽默效果。甚至,他只要一开口,哪怕对着话筒"喂"一声,现场就发出笑声。他好像早就预感到了这一幕,在第一本书中给出了他的答案,"我理解他们的这种敏感——就我读到的 20 世纪 90 年代晚期国外媒体刊载的中国报道和故事,我大都不大喜欢。我觉得他们对这个国家的理解很肤浅,对中国人的描写也非常干瘪。在那些故事中,一切都显得灰暗而忧伤,而涪陵给我留下深刻印象的幽默、生机和活力根本就找不到。我希望自己写的跟他们有所不同——但我拿不准,中国人是否也会这样认为。我想,他们可能会把它当成又一本由不了解中国、戴有色眼镜的外国人写的书,因此视而不见。"

"您对转基因怎么看?"媒体群访中,一位记者提问。

何伟终于需要请翻译来解释"转基因"这个词,然后说:"在埃及,我更怕的是枪炮、暴力,而不是食品。有吃的东西,我都高兴。""转基因是一个全球性的问题,现在很严峻,在中国也是如此,您难道不关注吗?作为一个美国人。"女记者右手支着下巴,旁若无人,直勾勾地盯着何伟。"您会吃转基因的东西吗?"两缕卷发挡住了她的脸,她拿出电视主持人专访时的样子,继续请对方表态。何伟只好说:"我不是一个担心太多的人。"群访结束后,他才忍不住用英语跟朋友说了一句脏话,"那简直是我从未担心过的事情。"

[二] 群众路线

何伟来了。他刚喝了一听可乐,穿着格子衬衣、军绿色的阔腿裤、登山鞋,单肩背着一个双肩包,一副典型的美国中部人的样子。他是刚旅行回来吗?有人悄悄议论。他大学时就开始自助旅行,横穿欧亚大陆,后来长期居住在中国、埃及,为了写作而旅行。这身装扮已经成了他的个人标志,甚至有网友评论,一个好记者都是像他那样,永远背着双肩包。跟在他后面上台的是清华大学副教授刘瑜,主办方在筛选的时候,已经拒绝了许多专程为刘瑜而来的报名者,但人群中依然蹦出一句粉丝的呐喊——"女神!"

只有参加GQ杂志主办的活动时,何伟才穿上西装、皮鞋,打上领带,不如商界、娱乐圈的名流们穿得讲究,但比中国作家、记者们体面得多。活动一结束,他就立刻找地方把这身行头脱掉,换上之前那一套,穿着短裤,走出人群。这让我想起他初到四川涪陵时的一段轶事,学校正好举办欢迎长征徒步队员的集会,安排何伟和市长、党委书记坐在主席台上,还要起立合影。他本来是准备出去郊游,穿着短裤和T恤,这下只好红着脸,"努力把两条光腿藏在桌子底下"。

他有很强的"混"的能力。在中国住了十四年,学会给人递烟,陪人喝酒,该出手时就出手。他不喜欢采访精英,因为"我语言水平不高,知识分子不愿意跟好笨的外国人谈话,在埃及也是这样,所以我不找知识分子谈"。农村来的人对他更有耐心。何伟说,有一些埃及人的受教育水平很高,能讲三四门语言,但他们从未去过上埃及,那里主要是农业区。何伟在演讲中反复说起一个垃圾清理工,他能根据捡来的垃圾分辨主人的职业和收入,听说何伟懂中文,他拿着一个写了几个汉字的药瓶来请教他,何伟告诉他,那是一瓶伟哥。"他是我最好的老师。他是文盲,不认字,但他的听力特别好,观察力很强。"他将成为何伟正在写的埃及故事中的主人公之一。

这次主办方请来的对谈嘉宾,是一位名副其实的精英。

"中国的底层真的有那么奇妙,能给我们一个完全不同的视角吗?我对此有点怀疑。"刘瑜说。她认为,中国的底层是整齐划一的,知识分子从整体上应该予以同情性的理解,但这不包括其中那些"理性的无知"——用保持无知来维护自己的利益的人。她原本笑着称呼"何伟老师",最后还是决定改口,叫他"何伟同学"。

何伟没有选择学术写作的原因,就是他不喜欢那些自我论证的理论和互相缠绕的句子,他更习惯于讲故事。就连回答问题时,他也总是用故事作为答案,像一个巨石朝他滚过来,他默默地捡起一块小石头丢回去。他发现中国人不善于讲故事——"他们不希望成为被关注的中心,很少纠缠于兴味盎然的细节",而美国的搬家工人、酒吧的过客很容易跟他聊起私人话题,尽管他们的话不能全信。

主持人问他,怎么回应刘瑜。也许他没有听懂这个问题,"我也不知道。对不起。"这次他连石子都懒得扔。

"人家可能不想听到中国精英知识分子的看法。"话过三巡,刘瑜又回到这里。这当然是一句玩笑,背后却清晰可见两条路线的分离。

何伟其实也是一个标准的精英,在普林斯顿大学学习英文和写作,在牛津大学获得英语文学硕士。遇到中国同行,他最关心的是他们最近在读什么书,有什么人写了好作品。"一般来说,我读虚构的作品更多",何伟说,他能从中汲取更多关于结构和风格的营养，而"很多记者写得不是太自然"。他更愿意用作家来形容自己。《江城》《寻路中国》两本书的豆瓣评分都在9分以上，超过了他所仰慕的杜鲁门·卡波特、菲茨杰拉德等作家的作品。平均销量20万，也是非常傲人的成绩。虽然比不上柴静。

这次回中国，他最大的感想是，中国人越来越自信，越来越有反思精神。这其中包括许多具体的夸奖——图书市场很蓬勃，有很多爱看书的年轻人，记者的提问更有水平……这话是明显的客气，因为在和中国媒体人聚会的场合里，他明确表达过对一些同行的鄙夷。他在美国用"傻逼"的拼音注册了一家公司，为同是自由职业的夫妇俩解决医保。他用这个词自嘲，也用来讽刺那些笔力不佳的记者，不管他们是向海外狭隘地报道中国，还是向中国狭隘地报道世界。

何伟的确拥有两种或多种语气。饭桌上谈起妻子张彤禾，他会先说："她很厉害！"——这在中文语境里听起来不像是对一个好老婆的评价，然后很快补充，"她有思想，独立"——在英语世界中这绝对是一句夸奖。

很难判断他到底是一个主动还是被动的人，他身上有一种游移的调和的气质。待人客气，又保持距离。不习惯成为主角，但也不怯场。很多真实的观点和情绪不会轻易表露，更不会写进书里。频繁提问，但很难判断他想从你身上获得什么。他写中国,中国记者也前赴后继地写他——像一场远距离马拉松式的恋情。我主动向他缴械投降,他反过来替我出主意,"你可以创造。你可以说,做演讲之前,亲眼看到他和他的朋友张彦在房间里吸毒"。小黑屋里又爆发出一阵笑声,所有人一致认为,这是一个好故事。他很少笑,这倒完全符合讲笑话的标准,逗别人笑的时候自己千万不能先笑。他计划给《纽约客》写一写他这次重回中国的经历,我听了又惊又喜,赶在他之前,先把这个细节用在这里。

《江城》的结尾,也就是何伟那次中国之旅的结尾,他事无巨细地记述了那次告别——最后一顿饭,和人们的谈话,天气,城市的雨景,学生们来送他上船,"他们大多盯着江心,哭了起来"。他的描写渐渐变得柔情而浪漫,唯独只字不提自己的情绪。为了求证这个细节,我也成为逼问何伟的中国记者之一,我想知道他到底哭了没有。他支吾了半天,仿佛这是一个重要的秘密,然后才委婉地说:"我可能哭了,但是我的同事没哭,他比我厉害。"在《寻路中国》里,他同样没有写出他与魏子淇一家的告别,据说那时他更伤心,痛哭了一场,尽管他内心确信自己肯定会再回来。现在他回到北京,回想当时离开涪陵的心情,"我是特别悲伤的。因为过得好幸福的。我不知道我什么时候能回去的"。

[三] 个人主义

何伟来了。张博文已经等了他很久,前两场活动的报名他都错过了。傍晚开始的活动,他中午就赶到现场,而且有人比他更早,专门请了一天假,一早就来了。从顺义、通州坐两小时地铁赶来的人不在少数,还有一些来自更远的天津、上海、杭州,他们坐着、站着,把何伟团团围住。张博文帮自己大学笔译课的裴老师占了一个位子,两人坐在角落里。

这是何伟这次"衣锦还乡"的最后一场公开活动。他的状态不错,原定二十分钟的演讲,讲了四十分钟。这份演讲稿他已经用了不下四次了。提问环节,裴老师想请何伟把原稿送给她,她告诉何伟,她在自己的课上推荐他的作品,很多学生的毕业论文就以他为题,还有一位因为看了他的书,决定去考研读新闻系。

其实张博文一直都对新闻有兴趣,只是高考填志愿时被家长劝住了。他们认为新闻这一行门槛太低,对就业不利,最后报了对外经贸大学的会计专业,差三分没被录取。实际上他考得不错,除了北大清华复旦人大几所大学以外,考取其他学校没有太大问题,但对外经贸大学那一年的分数线比往年提高不少,让这个原本保守的选择,突然成了冒险。志愿填报过程是高考这辆过山车的最后一节。张博文被调剂到北方化工大学英语系。"学这么多年,肯定就是想考个好成绩",在一个理工科学校,文科专业总显得边缘,张博文刚进校时有一段时间陷入了自我封闭。

"感觉他不是特别外向,有点木讷",终于见到自己的偶像,张博文说,他认为何伟在书里更加幽默一些。他从小喜欢篮球,原本只想做一个体育记者,读了何伟之后,发现还有许多可以写,就像何伟写姚明,写的不只是体育。"成功的运动员无一例外都要离乡背井——一旦表现出色,你就要离家外出——而在迁徙的过程中总会失去某些东西。"这话用在从黑龙江来北京上学的张博文身上,同样贴切。"他写得比说得好,"张博文感觉,"毕竟是商业活动,准备不会太充分,演讲内容给我的触动不是很大。还是读他的书吧。"

张博文花了三四个月的时间,读完何伟的中国三部曲英文版,读得比老师还快。每本都花掉人民币近百元。泛读课上要求每周读一本原文小说,狄更斯一类的经典,他都是在网上找电子书,或者复印,但何伟的书被他归入值得收藏的那类。一来文字简练,可以提高英语水平;二来,对他日后从事记者这个行业有所激励——他好像羞于用"新闻理想"这样的字眼。

考研期间,他在论文库里读到一篇有关中国国家形象的博士论文,里面把何伟的书作为一个反例,论证外国人对中国的偏见,又是以《奇石》中那篇讲吃老鼠的《野味》为例。他当然不同意这样的评价,他觉得何伟对中国人充满感情。背诵新闻史、新闻理论、传播学等专业课之余,他读完了张彤禾的《打工女孩》,也是英文版,他希望通过阅读来巩固自己的英语水平。面试时,他又特意提到《纽约客》,他是这本杂志的固定读者,通过淘宝订阅了全年的电子版——才几十块钱。这让老师们感到惊讶,因为它不属于新闻专业里的主流媒体。何伟自己也知道,有许多中国读者是通过淘宝认识他的,他签书的时候总会问,你们的书(英文版、繁体字版)从哪儿买的?他刚刚拜访完一位做这门生意的淘宝店老板。

在中国传媒大学的校园里再次见到张博文,他已经报到入学,现在是国际新闻专业的研究生。这所学校正在庆祝60周年校庆,校园里的许多路都重新挖开、铺过,新生也提前入学,参加庆祝活动的准备。前一天,校庆晚会刚刚结束,他在学校报告厅看了现场直播。晚会从晚上8点持续到凌晨2点,从时长和阵容上都堪比春晚,许多活跃在电视上的主持人、明星都回到母校的舞台。"这种文艺活动,更多的是场面上的东西。"张博文说,他对电视媒体没什么兴趣。何伟用文字记下的普通人的故事,更让他感到共鸣。话说到这里,邻座来了一男两女,男孩用手机帮两位女孩拍了合影,然后玩起了手机里的扑克游戏。

何伟的观察是:"个人主义在中国越来越明显,年轻人经常会说出自己的想法和打算。"张博文也是其中之一,他很上进。本科时就考过了专八,差一分就得了优秀,现在计划找一家外国媒体实习——此前他因为要考驾照,错过了《华尔街日报》的实习生招聘。何伟给他签完名之后,嘱咐他"好好学习,找个好工作"。但他担心在中国找不到何伟那样的机会,有足够的耐心和待遇,让他写自己想写的东西,而且,"如果要留在北京,户口也是一个问题"。他的本科同学大多进入国企、外贸公司当翻译,或者在培训机构教英语。

明天就是开学第一天上课——政治课。课表上还有国际关系、世界一流媒体研究、国际新闻采编研究、媒介体制比较等等,都是横跨东西的大命题,有的使用英文授课。学院在入学时就安排他们给中央电视台国际频道编译新闻,以外事宣传为主,每周一天,每天报酬100元。

张博文参加过一个以"中国梦"为题的征文比赛——他总是有意识地训练自己的英文写作能力,用一篇一千八百字的文章,介绍自己为什么想要做记者。他最终没有得奖,获奖者的中国梦是治理环境污染、帮助弱势群体。我请他发来那篇文章,从中摘抄一段记在这里。这是他自己的翻译——

我周遭发生的事情，以及中国乃至全世界发生的事件提醒着我，生活并不仅仅是几场球赛，有许许多多的事情比体育重要得多。于是我又一次改变了我的梦想。现在我想成为一名"记者"，更广义的记者。我不仅想写体育，更想写中国，写世界。因为我感到一种使命，在我们的见证下，中国与世界都在飞速变化。人们仿佛被推进了一个瞬息万变的迷宫。他们眼花缭乱却又不知所措……

原载于《南方人物周刊》

编辑：杨潇、郑廷鑫

访谈

079 湖畔散步

陈一伊

Strolling along the Lakeside

人在不断地死亡，不可能还有二十几岁三十几岁的那种能量。我们知道的很多，但我们的创造力却没有那么旺盛了。

湖畔散步

采访、撰文　陈一伊

访谈 ⋈ 湖畔散步

哈金提议去湖边走走。梭罗的瓦尔登湖,离波士顿只有半小时的车程。哈金没有智能手机,不知道 Google Map,只能翻开庞大的印刷地图,确认 2 号路的转弯处。

瓦尔登湖比我想象的小得多,只要努力,我似乎也可以游一个单程。梭罗的小屋遗迹犹在,你可以辨清火炉、床与书桌的位置。

"我独住林中,距离任何邻居都有至少一英里之遥",遗迹的铭牌上引用了《瓦尔登湖》中的一句。

我从未对梭罗的隐居岁月产生过特别的兴趣。相较而言,新英格兰的文人中最吸引我的是爱默生。比起梭罗遁世式的反抗,我更钟情爱默生式的呼喊——他要唤醒仍在沉睡的美国精神,把它从对欧洲的精神依赖中解放出来。年轻时,我也曾希望扮演类似的角色,颇用心地读了他的那些雄辩滔滔的散文,着迷于其中神性与人性混合的崇高感。

我没对哈金说出这些。面对他，我总处于一种放松与紧张并存的情绪中。放松源于他宽和的性格、缓慢的语速，英语发音中仍然浓重的中国口音，当然还有他东北孩童式的笑声。紧张则是对自己深切的不自信，我担心自己无法被作为一个严肃的同行对待，更重要的是，不能就他最钟情的诗歌展开交流。忘记是在哪里读到的，他说唯诗歌、小说才是真正的文学，散文、评论不需要太多的想象力，常是迫不得已之作。我偏爱的却是后一种。

2008年夏天，我在香港第一次遇到他。我们都是书展的演讲者，有几次共进晚餐的机会，我记得他罕见的谦逊和清晰的立场：在国家与个人之间，他坚定地站在后者一边。

我读过他的《等待》，完全被他洗练的语言与文字间的情绪折服，那种政治严寒之中的个人世界，对我来说，既熟悉又陌生。似乎没有一个中国作家曾如此充分又富有节制地表现过这样的中国——他们都普遍显得太喧闹了。考虑他三十多岁才开始用英文写作，这成就更显惊人。我也记得他说起《等待》（*Waiting*）的书稿，修改了四十遍。那年的香港书展，除去一贯的炎热气氛，我也模糊地意识到一种新时代情绪的来临，个人在强大的集体情绪面前，再度变得脆弱、缺乏价值。

接下来几年，我再没有见到他。但仍陆续读到他的长篇、短篇集，它们不再让我有初遇《等待》时的惊喜，却保持了一贯水准。对我而言，英文原作总比中文版更有吸引力，不知这是缘于语言的陌生感，还是我恰好能在他的英文中找到节奏感。在一段时间里，这种节奏感是我的镇定剂，每当我觉得内心烦躁时，常从书架上抽出一本他的书，读上几段。他的作品像是个诚实、镇定又疏离的老朋友，陪你不忙不慌聊上几句。偶尔，这也激起你不恰当的雄心——或许有一天，你也可以这样写。他的英文写作，似乎充满了你熟悉的中国味道，而且没什么生词。

康拉德的英文怎样？纳博科夫的节奏又是如何？哈金常被归入这个行列，他们都来自另一个语言系统，最终以英文小说闻名，为英语书写增添了元素。

我们绕湖一周。梭罗时代的孤独感早已消失，情侣们在水中接吻，少妇在沙滩上读书，旁边有儿童在奔跑。哈金头戴 Red Sox 的棒球帽（我忘记问他，是否也是棒球迷），穿蓝色竖条衬衫，用一把大伞做手杖。"余华压根不愿意迈步子，阎连科倒是走满了一圈"，他喜欢带朋友到此地，也是尽地主之谊。自 1985 年来布兰迪斯大学读书以来，他在美国已经生活了三十年，绝大部分时间都住在波士顿。他曾以为拿到博士学位就可以回国做一个英美文学的教授，业余还可以做翻译。突然到来的悲剧中断了这一切，他不仅留在美国，还准备进行一场"鲁莽"的试验，不仅移入一个新的社会、自然环境，还要移入它的语言深处。他竟成功了。他常觉得自己身处两种文化的边缘，但此刻，他为两种文化都增添了崭新的内容。

在湖畔，我们的谈话跳跃，他说起村上春树语言中的音乐感；说起布罗茨基，他承认这个俄国流亡者的散文很了不起，却不太看得起他的英文诗歌中刻意的押韵，也觉得他过分轻浮，把与一个希腊女人的床笫之欢也写入文字中——对这个说法，我略显迟疑，为什么不能写？还有宇文所安天才的唐诗研究，他自己也正着手一本李白的英文传记，他最初的文学兴趣正是从黑龙江小镇上读到的唐诗开始的。

我们也说起了林语堂。哈金不仅属于康拉德、纳博科夫的传统，也属于容闳、林语堂的传统，他们都是中国人中的英文写作者，尤其是后者，曾在20世纪三四十年代的美国风靡一时。如果放在更大的一个范围，还有谭恩美（Amy Tan）、汤婷婷（Maxine Hong Kingston）等，他们都是中国经验的书写者。他们的题材与风格也象征了中国的变化。林语堂描述的是一个深陷民族危机、却有强烈文化魅力的中国，谭恩美们描述的是那些广东移民的神秘的、风俗式的东方经验，而哈金的主要书写都集中于国家意志与个人选择间的紧张关系。

"林语堂能量大"，他说起林浩如烟海的写作，他在中美间的外交作用，他编纂的英汉词典、发明的中文打字机，还有刚刚发现的《红楼梦》的英译稿。在中国，林语堂常被弱化成一个幽默散文作家，或许还不是最好的那一类。

"在中国，人们讲究才华，在这里，能量（energy）才是关键"，哈金说起他初来美国时教授的话：比起写出漂亮的句子、段落，那种持续性喷涌的创造力才是关键。

在中文和英语中穿行

单读：我们先从对中国的记忆开始谈吧，您离开中国应该已经整整三十年，对山东、东北这些个人化的记忆现在还浮现得多吗？

哈金：很多啊，特别是东北，我小的时候基本在东北长大，北方那种风土习惯，还有地域、景观、街道，还是经常想起来。做梦也经常回去。比如有一个叫亮甲店的小镇，我在那儿长了十三年。我大学二年级的时候回去过一趟，发现那个镇子怎么变得那么小，几步就走到头，但小时候就觉得很大，空间感觉不一样。最近我弟弟又回去了，说那里都变了。

有时候记忆也是模糊的，或者说记忆它本身也在被创造，有些东西一不留神就出来了。我知道我是在金州出生的，但那个房子肯定早早就没了，但我记忆中好像还有个房子在那里，好像就在公安局对面吧，因为我妈在公安局工作过一段时间。

单读：我记得您在一篇文章里谈到过对乡愁（nostalgia）的质疑，您怎么看这个概念？

哈金：从理性来讲，我们汉语所说的乡愁里面的"乡"已经不在那儿了，就算回去也不在那儿了，你也不属于那儿。人变了，乡土也变了，什么都变了，你不可能两次跨进同一条河流里，这是一个基本的概念。但说到我们的感情，是我们自己在变，逝去的青春和年华已经不可挽回，从内心生出一种依附感，但没有实际的参照，只是自己的一种情感而已。

单读：过去二十年您主要靠英文写作，近几年又开始用中文翻译自己的小说。您的写作跟语言的关系是怎样的？

哈金：我自己一直说汉语是我的第一语言，也是我的母语，语言这个东西是改不了的。因为我出来的时候已经二十九岁了，英语说 shaped，已经塑造成型，很多情况并不是我们自己想不想，而是实际的问题。比如说，我主要翻译的是短篇，就是因为有的杂志需要短篇，但短篇翻译根本就不赚钱，不像长篇字数多，没有人愿意做，所以短篇小说最好自己翻译。我最近用汉语写诗，不是说我一定要回到汉语,而是我觉得从这儿起步,基础比较稳一些。我还可以重新用英语写,让这些诗在英语里出现,会比较新鲜。所以实际上都是从具体的小事考虑,不得不这么做。

单读:那二十年英语写作的经验怎样塑造了您的思维和理解方式?

哈金:就是比较理性,想问题不能含糊,说什么事情一定要有根据,而且每句话当中一定要有内容,有信息。不像汉语,往往有的时候你的辞藻有文采,就略过去了,但英语得讲究,好的文章就是每一句都增加分量,增加内容,这一点很重要。

单读:这两种语言最重要的区别在哪儿?

哈金:英语特别讲究。它甚至和别的语言也不一样,是一种比较硬朗的语言,就是要承载内容的语言。比如用意大利语写歌剧很容易,开元音讲究情感,而英语没有这些东西。

单读:诺曼·马内阿(Norman Manea)也说过这个问题,他刚来纽约的时候最不适应的就是语言。把他的作品从罗马尼亚语翻译到英语,很清晰,但罗马尼亚语里那种模糊的暧昧的东西都消失了。

哈金：是。汉语里有些东西如果用英语翻译过来，你就会觉得很蠢。比方说万箭穿心，心本来就这么大，怎么能承受住一万支箭呢？要想翻译这个词，你只能说十几把锥子扎心。英语如果不讲究理性，别人会觉得你胡说。

单读：也有人把您和康拉德、纳博科夫放到这个传统里来看，您怎么看待他们的英语写作？

哈金：他俩不一样。康拉德基本不怎么会说英语，因此他写作的英语也特别书面，但因为他懂好几种语言，包括波兰语、法语，所以他的英语同时也非常强壮、优美。纳博科夫因为康拉德语言的这种书面性而有些看不起他，觉得这完全是礼物商店里的东西。他与康拉德不一样，纳博科夫最大的优点是幽默和俏皮，他能玩。其实他也是书面英语，但俄国人喜欢双关语，纳博科夫用很多双关语，在英语中本来都是不让用的。一开始他的朋友艾蒙·威尔森（Emon Wilson）就说，在《纽约客》《大西洋月刊》这种杂志没有人像他这样写作。但他继续做，做着做着就成了他的风格，他打破了一个传统上禁止的界限，他也因此成为他们那批人中的一个高峰。

单读：刚开始写作时，怎么发现自己独特的腔调？

哈金：其实我并不是很注重这个英语里边叫 voice（腔调）的东西。但因为我写诗，我知道我不能写标准的英语，我和美国人没法比，跟在人家后面亦步亦趋是不行的，我只能写跟别人不一样的，因此我主要是从诗歌这方面才开始注意这个问题。

单读：为什么说对腔调没这么注意？

哈金：因为这个东西是会随着你写不同的东西而变化的。很多诗人也不承认，比如我的导师弗兰克·比达特（Frank Bidart），觉得那根本就是胡说八道的东西。我想他们的逻辑在于，写作的腔调是随时变化的，随着不同场景、人物，那个声音随时需要修正。所以我并不是特别注重，但我要写的英语跟别人不一样，这个一开始就很清楚。

单读：那您怎么评价自己的英语风格？

哈金：我跟他们都不一样，我的情况不一样。纳博科夫是在剑桥读本科，而且是贵族，再加上英语是他的第一语言，一开始他妈妈用的就是英语，而我是半路出家，二十几岁前没见过说英语的人。我觉得对于英语写作来说，最难的是你怎么用英语写得跟别人不一样，还写得好。现在我希望能写出一种语言，让别人一看就觉得是外国人写的，但还是觉得非常自然非常好。当然这是我自己想象的一种英语，能不能做到还不清楚。当我写非虚构类作品的时候，比如《在他乡写作》(The Writer as Migrant)，就不需要我刚刚提到的这种英语，只需要直接用标准的英语写出来就好，这并不难，难的是在文学作品中写作。

纳博科夫和康拉德他们其实留出了很多空间，这一点是相当关键的。别人写这么好，达到高峰了，你不可能又跟上去，这样可能就是死路一条。这就是我为什么反对模仿什么魔幻现实主义，这条路人家已经走到极致了，你再去走，你能走到哪去。像纳博科夫、康拉德，他们在中长篇上做得最好，但都不是优秀的短篇小说家，在诗歌上也都没达到很高的成就。

单读：对您来说，诗歌、长篇和短篇小说，这三者之间的相互关系是什么？

哈金：长篇小说需要长时间来做，好几年才能完成一部。这个我也能做，但我还有工作，而且最近几年我太太病了，我自己不能完全沉浸在一个长篇里头。因此，对短篇比较适应，只能说做一点是一点吧。好在诗歌我还是在写，一直在写，用汉语写完之后再用英语写。不过这也是一个漫长的过程，不是说一下子就能做出来。

单读：从最初的《词海》(Ocean of Words)到最近的

《背叛指南》(A Map of Betrayal)，最近二十年您的英文写作发生了什么变化？

哈金：其实也没太大变化。可能最大的变化是难度，变得越来越难了，因为你知道的多了，标准也不一样了。有些东西，不是说你读书读多了，你就能做好。我们都是人，人在不断地死亡，不可能还有二十几岁三十几岁的那种能量。我们知道的很多，但我们的创造力却没有那么旺盛了。

单读：这种感觉越来越强烈了吗？

哈金：不管强不强烈，这种感觉肯定会有的。汉语里说一个人有才华和英语当中说有才华其实是两个概念，美国人和英国人说一个人有才华往往是指一个人的能量，特别是作家、艺术家。有能量以后能创造很多东西，并不是哪个句子写得好这种局部的东西，而是一个人的整体被视作是有能量，能够不断地创造。能量和天才被视为一个东西。而我们汉语里用才华横溢来形容这种情况，所谓读书多了就下笔如有神，确实是有可能的，但这种情况只适用于生命中的某一个点，如果一个人病得要死的时候，是不可能下笔如有神的。英语语境里所说的才华，意思就是一个人的能量，不可能越来越多，只能越来越少。而问题也就在这儿：你知道得多，学得多，演技也高了，但不一定能做好。

这便是我为什么说写作、创作要趁早,趁你有生命力的时候来做。

变动中的中国经验

单读:除了康拉德、纳博科夫那个传统,另一个传统是中国人英语写作的传统。您怎么看这个传统中的人,比如林语堂?

哈金:林语堂是中国人,但也不能说他是中文概念中的才子,他不同于鲁迅,他是一个高产的人,写了几十部作品。这是需要能量去支持的,因此他是属于西方语境中比较有才华的人。最近刚发现他的一个手稿,是他用英语翻译的整部《红楼梦》。你就能看出他的能量。能量大,学问也大,这是相当了不起的。他在哈佛大学做访问学者,很快拿到了本科学位,到德国莱比锡大学,一年半又拿到了博士学位。他的确是个超人。但另一方面他又是中国传统文人,讲究幽默——这个词就是他翻译的,讲究情致。像我这一代,你父亲那一代,是从地上长上来的,林语堂也是农家子弟,但他跟我们不一样的地方在于,出国以前他就一直是畅销作家,是教授了,而且他第一本书是在美国卖的,是国际畅销书。不像我们这一代人的中学、高中这几年大部分都是乱七八糟,我和莫言、严歌苓这些人实际上都没上过中学。林语堂他们这一代有英语情结，有可能我们下一代也是，但我们不是，因为我们不是从小就学英语。

单读：您怎么看林语堂的写作本身呢？

哈金：他是一个能脚跨中西文化并把中西文化融合在一起的大家，特别在散文方面。不过我并不觉得他是一个优秀的小说家。他最成功的小说是《京华烟云》，但可以看出不管是结构还是一些细节，都是从《红楼梦》借过来的。不过他所写的《生活的艺术》，以及另外几部，确实是优秀的作品。

单读：1949年以后的另一批人，谭恩美、汤婷婷这些作家，您如何评价？

哈金：他们这个系统的人基本不懂汉语，可能谭恩美会说一些，但读写都不行，是标准的在美国长大的 ABC。你不能说他们是华语作家，只能说是华人美国作家。谭恩美是很优秀的作家，这些年来也有好多本畅销书。而汤婷婷比较独特，应该说她是美国学校里教得最多的作家，学校把她的那本《女勇士》（*The Woman Warrior*）作为课本来讲。我也教过，但就我的感觉而言学生不是特别喜欢，以后我就不教了。她有点类似美国亚裔文学上的开山鼻祖，不管写得好坏,她在文学史特别是在美国文学史上,都是有位置的。

单读:可以说他们的共性是都在美国写中国经验吗?林语堂时代是一种浪漫化的中国印象,到了谭恩美,就是神秘化的、东方主义式的中国。您怎么看这种中国经验的变化?

哈金:首先有一点,他们是把中国拿到美国的系统中去写的,因为他们是在美国华人文化当中长大的。汤婷婷就非常明显,她把中国的神话完全弄过来了,那是他们祖辈的经验,也是一种神秘的神话。整个亚美文学当中都有这个问题,总是试图去寻找他们的文化遗产。他们往往追溯到中国或者日本,这种现象都是正常的。

而像我们这些作家不一样,我们来美国之前就只知道中国,特别刚开始,除了中国以外其他根本一无所知。即便慢慢知道多了,你对世界的看法、感觉和印象还是由那些中国知识来包容和影响的。但这不是坏事,你要是都按美国来,那和别人就没有区别了。你在另一个语言当中,或者你在两种语言之间,可以站在一旁来观察,比较理性客观。

单读:他们所描述的中国和您所写的中国,最大的不同是什么?

哈金：他们不懂汉语，虽然他们家庭中还是有很多中国成分，但家庭传统已经美国化了。你不可能让他纯粹、真实地写中国，而且其实真实本身也是个问题。什么是真实？哪个中国才是中国？问题其实就是看作家本身了。你生活的经历不一样，自己感觉不一样，写出的东西就不一样。这是没有办法要求别人的。

一方面一个作家写出来的东西可能确实和中国现实经验没有多大关系，但有的时候，从广义上说，也可以说这样很好。这便是我一直强调的"真实的印象"（the impression of authenticity），就是说那种真实的感觉本身便是虚构的，是创造的，我们事实上没有真实的尺度。比如《落地》（A Good Fall）里讲的故事是美国经验，但美国人不相信。有个故事讲的是有个女孩对一个和尚特别好，但这个和尚跳楼了。他们说你这是多愁善感，这不可能，你故意把故事甜蜜化了。但生活中确实有这个女孩，就是她把这个事情揭露出来，让媒体注意到这个和尚是受剥削的人。这件事确实发生了。有时候真实的东西往往你还不能直接拿来用，你还要想一想究竟如何处理。

我很早写过一个故事，原型是我们当兵时候一个很有名的翻译，他父亲是张作霖手下一个高级军官，奶妈是俄国人。他是俄文翻译，跟着代表团去苏联谈判，结果病了，但他坚决不吃苏联方面给他的药，说那是敌人的东西。他是受过良好的教育的人，但坚决不吃。他们只好把他往回运，在路上山洪把桥给冲走了，耽误了时间，人就死了。这是真人真事。我写小说的时候，写成是苏联方面给他动手术他不接受，即便这样别人都说他是一个傻瓜，都不相信是真的。其实我还故意把真事压低了，真实的尺度是很难把握的。

单读：您的哪本小说离您的经验最远？

哈金：应该是《背叛指南》。这个事情几乎没有我的经历，可能感情上有些自己的投入，但是整个细节完全是创造的。而别的作品多多少少都会有一点，甚至《战废品》（*War Trash*），毕竟我在朝鲜那边待过，那边的人怎么说话，风俗习惯我都是知道的。

单读：那写作的过程具体是怎样实现的？

哈金：其实这个故事在心里已经很长时间了，我知道以后如果有机会，我一定要写这本书，我夫人也说这是个好题材。关键在于我怎么写这个问题，我得有方法，最后就写了两个故事，一个现在，一个过去，找到角度把它们结合到一起。很多东西都是偶然的，比如《热与尘》（*Heat and Dust*），我在那本书里学到了很多。我教那本书的时候，学生就说，这两个故事经常分家，因为主人公并没有和上一个主要人物有血缘联系，这便是那本书的弱点，所以我知道我得把这一点克服。还有一些国内的因素，比如《潜伏》，我太太看那个电视剧看到最后特别生气，结局余则成就和另一个女的结婚了，从此和那个在乡下怀孕的老婆没了关系，她特别不喜欢这个结局。我就把那个作为起点开始写。各种各样的因素都是偶然的，最后融合到一块去了。

单读：处理陌生的和熟悉的经验，感受上有非常大的区别吗？

哈金：你说的这点相当重要。陌生的经验往往造成隔阂，你并不会有那种身临其境的感觉，而是必须注意那种探索，因此细节必须做好。其实到了纸上，什么都是想象，哪怕是直接的经验，你处理不好，体验生活也是没有用的。纸上是另一种感觉，这种感觉必须要掌握好。

苦难与美国生活

单读：在《自由生活》（*A Free Life*）《落地》里面，您开始处理美国移民的经验，而之前写的大部分是中国经验，我特别好奇，这种转换是怎么样发生的？

哈金：其实《自由生活》那本书我从读研究生开始就想做了，但那时刚出中国什么都不知道，光知道有那么一些事情。要通过活在这儿很多年后,慢慢写了好多本书以后才敢写,因此这种转变的过程也不是一蹴而就的,而是自然的。这种转变还跟教学有关。教学就是一天到晚都和学生在一起,长此以往就成为你的一部分,轮到自己写的时候,就不觉得这是一个大坎儿。《南京安魂曲》那本书确实是一个大坎儿——跟我自己的经验最没有关系,实在太远了,全是靠材料做的。

单读:那您怎么评价《南京安魂曲》(*NanJing Requiem*)?

哈金:那本书实在太难写了。文学作品很难写好,你从正面来写,就容易成为一种宣传;从侧面写,比如从我选的那个角度,这个人的很多事情没有太多戏剧性,你又不能创造。那真是个坎儿,写完之后心里就放下了。但国内作家也都知道,这种硬题材不好碰,我只能说我尽最大努力了。有人说,英语写作事实上就是写作技巧。这确实是需要技巧,我写个句子,结构是怎样,每一个细节的选择,细到什么程度,细节跟别的地方怎么联系,怎么转折,这些很多很小的东西,实际上很难做的。

单读:您写一本书要修改很多次,在修改中有没有一个中心原则或者说尺度?

哈金:因书而异吧,《南京安魂曲》那本书我就挺强调感情的流动，虽然表面上安静，但又是流动的。这很难做，但最后我觉得差不多还是做到了，特别是最后创造了一个叙述人。

其实还有一个原则，在改的过程当中，不光要把文字做好，还有许多细节，有的句子底层的意思一开始是意识不到的，在改的过程当中才会意识到它们的联系，哪里需要增多或减少——就是解释、阐释的过程。

单读：到美国三十年，您对美国经验怎么看？

哈金：我觉得美国是一个优秀的国家，它最大的不同是空间大，中国也很大，但问题是中国可用空间不大，美国自然资源丰富，自然而然给人创造很多机会，很多人都能够找到他的位置，社会空间也大。我觉得这是美国跟别的地方最大的不同，也是一个最大的优越性。虽然我们说要赶超美国，但先天不足：粮食、土地、水、森林、石油，各方面都不够。美国前几年还闹油荒，不久过后发明一个新的采油技术，现在便石油过剩了。在这方面美国不得不说是得天独厚。

单读：在美国写作时，一方面是发现崭新的美国经验，一方面是重新发现自己的中国经验。这应该是一个双重的过程吧？

哈金：对。经验往往是没意识到，或者说把它意识化了，就像我说的，它是一个阐释的过程。以前有些东西不觉得很有意思或有意义，重新来看，它就更有价值。

单读：有哪些比较重要的中国经验，您之前没有想到，但事实上非常特别？

哈金：有好多。比如说，美国不管做什么事都有工具，甚至吃饭也是，而中国文化里一双筷子就足够了。从文化生成的角度来看，中国文化里面很多东西一抹就过，但西方很细，一个萝卜一个坑，该做什么就做什么。再上升到别的层次，西方人特别讲究职业性，不管有什么事他们都害怕，一定要找职业的人来做。中国人不一样，一个个都是万金油，病了以后喝点什么姜汤，这种事美国人是不敢的。

当然还有别的，总的来说就是美国人和中国人所理解的苦难、贫穷不一样。我有学生在美国，说在这儿有管理房子的人会给他打电话，说他家里的池子不行、得换，但他其实觉得挺好的。他们的贫穷概念和我们的确实不一样，很多所谓的穷人其实生活得也很好，成为中产阶级是真难。

单读：您为什么这么强调苦难和苦难经验？

哈金：苦难本身不重要，但对苦难的体验和感觉是重要的。为什么中国传统上会送很多人去体验生活，但事实上他们没有真的体验，因为心灵不在那儿，感受不了，这种体验就是无效的。但有些作家，特别在英美，他实际上足不出户，他照样能写，比如福克纳。实际上不光是经验的问题，关键在于他心灵特别敏感。这点我觉得非常重要。

单读：您夫人生病以来，您会有一些关于生命的新看法吗？

哈金：其实我们一开始结婚感情不是很深，我们也是别人介绍的，而且不在一块儿。特别刚到美国来的时候，她觉得很陌生，但慢慢在一块儿，有什么事儿都一起商量，还一块儿出去干活，慢慢地互相依赖。在美国没有别人，就是靠自己，自己这个小家，慢慢就好像是互相存在的一部分了。

她病了以后，因为当时病得很重，说只能活两个月，我经常提醒自己，千万别做将来悔恨的事情。我每天都在对付死亡这件事情，因为不管怎样，你都得面对，这样反而我脑袋一清醒，就好多了。这也便是为什么我说自己在这个小小的空间当中，做自己觉得有意义的事情，把这个空间作为自己的天地，就行了。

在全球离散文学中

单读：当年的东欧作家移民到美国，他们似乎有一个更直接的传统可以接上去。某种意义上，中国的移民者接在了唐人街的传统，但似乎中国传统里面的异端——流亡（exile）文学的传统好像始终没有真正建立起来。

哈金：流亡文学只能在国内找到。像屈原、杜甫你都可以说是流亡，但在中国外面就不行了。而反过来，像马内阿他们的传统是犹太人的传统，犹太民族是流亡的民族，所以他们的文化根基就在于流亡，最早出埃及的时候就开始了。而且他们形成了一个强大的文化知识的传统，所以很容易和西方文化接轨。他们实际上就是西方文学的一个中心。而对于中国、日本，整个亚洲除了印度以外都难，但印度也不存在流亡的作家，他们主要的作家其实都生活在国外，他们的环境跟中国不一样。

单读：那您怎么看待用英文写作的印度作家？

哈金：印度有好多种语言、好多种文学，但英语是他们的官方语言，所以用英语写的好作品就成了官方文学。当然也有作家在西方长大，虽然写印度的事情，但他们并不是写印度经验，所以印度人并不接受。这类作家就在两种文化之间来去自由，而且他们也确实在两个国家之间生活。像我有个学生,他就是在德国用德语和英语写作。他每年在印度住半年,在柏林住半年,像这种生活的状态,就不存在流亡了,他们有得天独厚的一种经验。

单读:过去二十年有一种说法是全球文学(global literature),您可能也算他们其中的一部分,您怎么看待这种说法?

哈金:我并不是很认可这个说法。我现在觉得,某段时间有一个新的概念,另一段时间又有另外的概念。我觉得最终还是看作家在一个语言当中的位置,看他能给这个语言带来什么。比如你看纳博科夫,他也是没有和俄语切断,一直到最后都还在翻译普希金、奥涅根。所以我不相信全球文学,我认为一个作家最终还是靠语言来决定的。但作品可不可以超越语言呢?小说偶尔有可能,但诗歌是比较难的。一部特别优秀的小说像《1984》,翻译成哪种语言都可以,因为它本身是一种经验。

单读:在情感上您觉得自己跟哪个英语作家更亲近?

哈金:我只能按书来。很长时间里奈保尔对我影响很大,但你知道这个人在政治上很保守,他是种族主义者。他曾经到唐人街,说你看这些华人,是多么丑陋的一个种族。他在印度也这么说,还说非洲人都是猴子。他就是这样一个人，确实很糟，但他是个伟大的作家。还有纳博科夫也对我影响很大，不光是文学，这些作家怎么生活，也很重要。

单读：我也很喜欢奈保尔的小说，他的非虚构作品写得特别好，我觉得他观察的角度是从个人的身份危机出发的。那您的立脚点是什么？有没有一个核心？

哈金：其实对我来说很简单，我就是在纸上生存，这就是我的立足点。很多问题没必要去弄复杂，你在做一本书，能够争取花大量时间把它做好，这是最主要的。时间都是很短的，你想做这个做那个，往往太分散了，最后什么也做不成。你说的那种身份挣扎对我来说感觉不强。关键还是在于能做一件你觉得有意义的事情。

单读：那对您来说，写作的意义是什么？

哈金：倒也不是要求什么实际的结果，可能就是在已经有这么多别人的著作过后，你是不是还能再加上一点东西吧。这就是我说为什么写作要看文学史——在一些伟大的作品放在那之后，你在这个系统当中仍然幻想要去做得最好的话，你需要思考会有什么结果。

单读：到目前为止，您觉得您给英语世界加了什么东西？

哈金：我不知道。我有一些短篇小说被放在了美国的课本上，还有几首诗也不断地出现，可能带来了一种声音，但这种声音有多大的价值现在我还不好说。但我慢慢地做下去，有些东西不是你要做就能做的，你想到的事情往往真正到时候都做不了。很多东西都是偶然的，但有的时候你要有一种幻觉，如果能把这件事情做好的话，会很有意义。幻觉其实是真正的驱动力。尼采说，the duration of great sentiment that makes a great man，就是说你让这种幻觉不断地延长，最后使你成为一个伟大的人。

单读：当幻觉开始减少的时候，您怎么办，去读文学史吗？

哈金：其实也不是读文学史，就是读书，也不光是读书，慢慢你就知道了一些关系，就能找到自己的位置。虽然到最后可能什么都做不成，但你仍然应该这么做。你想象天上到处都是星星，在星星当中你能在哪一个位置，虽然这就是一种很狂妄的想法，但有时候不得不这样想。

单读：中文写作传统中，有哪些特别显著的特征对您来说影响很大？

哈金：其实我用汉语写诗，有些时候一些句子词语自然而然就会有英语中所说的 echo（回声）。还有一种影响，就是作为一种社会文化的中国诗歌，我们一开始的教育没有别的东西，当时家里给我们当兵的寄了几个课本，课本里有些古诗，开始就是记住那些诗，这自然而然塑造了你对世界的感受，这是你想改也改不了的。写出一个句子来觉得好，其实你说好的背后，可能是李白、杜甫这些人在影响你，也就是感受、判断这些东西自然而然地表现出来，虽然你不一定意识到。

单读：现代汉语传统中有对您影响大的吗？

哈金：一开始鲁迅影响很大，因为我们那个年代只有鲁迅，没有别人。所以你不管喜不喜欢鲁迅，都吃他的奶长大的。但慢慢地就少了。

单读：那现在您对鲁迅是什么态度？

哈金：我觉得他很有思想，而且杂文写得很好，他的小说里有一种洞见。《狂人日记》里，中国社会就是吃人，历史都是吃人。但问题就是，他真正写小说就写了两年，对一个艺术家来说，太短了。他没有继续做下去，因此他并不是优秀的艺术家。不像林语堂一辈子不断地写，鲁迅有点把自己的才华挥霍掉了，这一点我觉得是很可悲的。像《野草》那样的作品，鲁迅写得太少了，像散文诗似的，就那么一本。

另外在对文学的看法上,他太强调功能了,能够给中国人的灵魂治病,但事实上中国人没有什么变化。文学根本没有那么多功能。所以说其实就是他错了,也使后面很多人也跟着写错了。

单读:您在文论里比较林语堂和索尔仁尼琴,您觉得他们有高下之分吗?

哈金:他们俩完全是两种人,也不能说谁好谁坏。林语堂那种人不入美国籍,他一定要回中国,所以他后来就到新加坡,又因为当时共产党和国民党争,没法待。最后是国民党去台湾了,在台湾给他盖的房子。在这意义上,他完全是蒋介石的座上宾。所以他既是流亡者,又不完全是,他还是联合国的官员。并且他很会生活,还特别喜欢法国南部。索尔仁尼琴就不同,他在乡下前不着村后不着店,四五百亩地里就他家自己盖了个帐子围起来,还跟苏联一样。最后回去他是一句英语也不说的,还是一口俄语,里里外外完全还是苏联人,而按现在的说法,林语堂是标准的世界公民。

单读:林语堂、钱穆当时曾发过一个声明,认为始终存在一个"文化中国"。对您这一代来说,这种"文化中国"是不是已经消失得差不多了?

哈金：对，而且我们没有这种印象，我们甚至都不是文化人，跟他们上一代两代人是不一样的。我们从中国出来，但并不是文化人，只有革命文化。上一代人，他们都是学富五车，哪里像我们，我到哪里去找图书馆，我们还是从底层出来的。这就是为什么很多土生土长的亚裔美国作家，他们对林语堂非常反感，因为林语堂代表的是一种士大夫的传统。而这些作家觉得我们是真正的工人、劳动者，我们出来就是给人干活的，对他们来说林语堂就很隔阂。

单读：这种无根感怎样塑造您的思维和写作方式？

哈金：其实有没有根我觉得无所谓，关键是习惯了。当然也因为我父亲是部队的，所以我从小跟着家里到处走，也不能说哪里就是家乡，至少我没有这个概念。现代人往往就很容易想象一个小镇，或者在海边，或者随便哪个你觉得安全悠闲的地方，但事实上那只是一种想象而已。这种想象谁都会有的，但你要理性，其实那根本不现实。你只能说在你的纸上、在你自己的工作、在你应该做的事情上投入，那就是你的生命。

单读：那您怎么看李翊云，她算年轻一代吧？

哈金：对，她是年轻一代很好的短篇小说家，长篇我觉得她还没写到，可能还年轻。她好像对爱尔兰那些作家比较亲近，所以就跟大陆作家又不一样，跟美国作家也不一样，跟整个华语作家都不一样，比较独特。

单读：成功对于您的写作有没有什么影响？比如1999年你获得美国国家图书奖，那相当于是个分水岭。

哈金：思维方式倒不影响，但压力很大，别人给你的期待不一样，坎儿就不一样了。坎儿就是你往上爬，明明跳不过去，但还要跳，并且这个坎一定是往上升的，因为标准不一样了，所以压力还是很大的。

单读：在中国的传统中，政治和文学无法分家，西方也一样。当您写作时，会有很多政治方面的考量吗？

哈金：不会有很多。但有些作品，特别在修改的过程当中，你看得出会有政治意义，但你不能回避。你只能在这个处境当中把这个作品做得最生动。

单读：在这方面其实一直是有争论的，一派认为政治和艺术、文学完全无法分开，另一种就是认为政治会伤害艺术本身。您怎么看待这种争论？

哈金：其实那种说法说到极致，便是乔治·奥威尔说的，任何艺术都是宣传。我承认西方所说的，诗歌语言是一种政治语言。你用英语写作，而这又是一种强大的语言，这是没办法的。但我觉得不管是纯政治还是纯艺术,都很难做到。就像 T.S. 艾略特说的,only through time, time is conquered,"只有通过时间,时间才能被征服"。你把这个话一引申,只有通过历史,通过现实,通过社会,你才能征服这些我们眼下的东西。政治的东西你不能回避,但你可以通过政治把政治给征服,要超越它。

单读:您觉得未来的中国离散文学,会变成重要的一支力量吗?

哈金:肯定变成一支,但多重要就不一定,要看个人。如果能真正出来一个两个天才,那自然而然这个流派就成主要的了。关键就看有没有真正的天才出现。

△ 报 道

113 定西孩子

孙中伦

Kids from Ding Xi

在遥远的宇宙里我们久别重逢。那里,我们都长满时间的枝条,只有一条脉络代代相连:善良、勇气与忍耐。我想,我们都曾是定西孩子。

定西孩子

撰文　孙中伦

[一]

在离开定西之后的许多天,某个安稳的梦里,我梦见了我在定西遇见的人们。雪夜里我们团坐在一起,聊些听不清、雾气般的话,仿佛互相之间都很熟悉。我想这是旅行的意外馈赠——在许多日子之后它又姗姗而来,以一种非线性的语气,把所有人物和遭遇糅杂在一起,像是时间以外的人生。

我是十一月到甘肃定西的,做县城初中的英语老师。十一月的某天,我坐上去往定西城的颠簸大巴,穿梭于层峦叠嶂的山脉,它们像琥珀里的浪花逼近又远去。夏天我去会宁时也路过这里,我记得路边有男人抽烟,他把衣服卷到胸部,沙尘涂抹了他的脸。三个月后,我坐进定西初一年级的教室,英语课上王老师在讲现在进行时。

"Look, Chen Yu is standing. But, I often stand."

王老师在同一个讲台前站了快二十年了。黑板槽里日复一日地积满灰尘，然后被吹落。空气中能看到飘散的尘埃与微粒，那是老去的粉笔灰和西北的黄沙。

五十年前的定西曾饿死过很多人。那时国家开展了引洮工程，"苦战三年，基本改变干旱面貌"。大队征用了整个陇中地区的青壮年，结果引洮不成，粮食也荒芜了。恍然五十载，洮河水终于在去年通入了定西。如今黄沙里长出绿色的柳树，糖炒栗子在石英砂里翻来覆去，驼背老人在街边卖橘子和葡萄。

我坐在教室里，正前方是一面钟。钟的两边是几个红体字：团结拼搏，求实创新。教室墙壁上贴着另外一副对联：静中显竞，竞中取胜。教育里时刻充斥着这种伪善的命题——老师要求学生尽可能谦逊，但墙上的警言暗示人要笑里藏刀。在坐着五十多个学生的教室里，有一股干了的牛粪的味道。窗外有一根锈了的大烟囱，如果我在这里上学，我会整天整天地看着它。

我任教的初中在县城里，然而八成学生都来自农村。事实上农村学校的慈善捐款源源不断，但孩子已经所剩无几。农民都把孩子送进城里，更好的教育是他们唯一的出路。下课之后，没做作业的孩子跟着老师回了办公室。有个孩子矮小而瘦弱，他戴着一副墨绿边框的眼镜。

"作业呢？"

"什么作业？"孩子喃喃自语。

"什么作业？！"老师生气了，拧住他的袖管。孩子害怕了。他张开的嘴唇抖动起来，合也合不上。紧接着，泪水从眼眶里一粒一粒滚出来。

"第几次了？空白的给我交上来？"老师的表情严肃。孩子攒着作业本，随着老师的一声"走！"连滚带爬地跑出办公室。我想起二年级的清晨，在姑姑的自行车后座上，我也突然脑袋一空。啊。真的忘记做了。怎么办？

"老师，我忘带了。"我走到老师的桌前，头撇向一边。

"回去拿。"

"喔。"

"现在！"老师把红笔一甩。她抬头吼我。

我呼哧呼哧地跑回教室，从桌肚里掏出空白的作业本，只敢翻开一个角确认一下，就匆匆塞进衣服。出门的时候，同学们都用耻辱的眼光看着我。我后悔了。

如果那时我选择忘却羞耻，现在或许就变成了一个恬不知耻的人，游荡在街头，以恃强凌弱来荒度时光。这是我一直困惑的地方——当你是个孩子的时候，你就要开始为命运负责了。而作为定西孩子，你要为外出务工的父母疏于管教而负责。你的父母也曾是孩子，他们要为年少时的饥饿与贫穷负责。命运是环环相扣的，然而你没有反驳的余地。

"在定西,上学是唯一的出路。"王老师说,"如果我没有上到学,我会在楼下的街道旁卖水果和蔬菜。"

此时的办公室里,早操时讲话的几个孩子正一字排开地趴在地上,班主任拿木棍打他们的屁股。他们啊啊地喊着,用膝盖顶住地面。后来老师们告诉我,"许多乡下孩子,不打不长记性"。仿佛如果手下留情,孩子们在长大成人之后便会记恨于心。传说初三年级一位德高望重的老师常把学生打得在地上翻滚,可学生毕业以后都泪流满面地拥抱他。有朝一日,其中幸运的孩子们终于离开了那个黄沙漫天的家乡,他们会回想起那段黎明之前稍稍有些疼痛的时光。

[二]

王老师有时会看着窗外的烟囱发呆,那些锈迹像皱纹一样一根根连进心脏里。她想象锅炉的轰鸣,那些直上云霄的气体——它们总是在工作,夜以继日。她想起自己小时候,就生长在学校附近,那时这里还是一片土坡,烟囱也无影无踪。她觉得万物好像都在一瞬之间出生。那些砖瓦,石路上裂开的缝隙,气势凌人的办公大楼,都像是快进的镜头下盛开与枯萎的花朵。

通常王老师不让自己停下来。她是学校里最出色的英语老师,做事雷厉风行,也最让人放心。即便如此,她仍不停地批作业，教导学生，实在无事可做时也会帮着在办公室拖地打扫。回到家，她帮家里做饭，做家务，帮高三的女儿辅导作业。日子纷纷而过，她得到各种各样的赞誉，人人都羡慕她，然而她有时还是怅然若失。

"也许我就是喜欢干活。"她自言自语。这难道不是社会对女人的要求么？能干，吃苦耐劳，把所有事都安排得井井有条——然而她却总觉得像少了什么似的。除了命定的磨难和必须背负的责任，她过得并不难堪啊。那么，她又在担心什么呢？

她想起小时候，七十年代的定西农村，那时她过得无忧无虑。她是七个姐妹中的老三，有一次学校里的男孩叫老四"王八"，老四哭哭啼啼地回来，她头也不回就上门去教训那个臭小子。那时哪想得到将来要为人师表——甚至连理想都了无边际哩。她只是觉得做老师威武，可以光明正大地吃公粮。她想以后最好能当个市民，拿城市户口。

她的童年已经不用忍饥挨饿了。大饥荒已经过去，她只从妈妈的嘴里听到以前人家的凄惨故事。"1960年的时候，我十一岁，住在十八里铺。那时候……"妈妈说，然而女儿都不爱听她的故事，刚开口她们便四散而逃。一到九月，或者十一月的傍晚，炊烟四起，泥土上都弥漫着洋芋味，那是她一年里最爱的时刻。富有的人家会宰猪——

六七点钟的时候,她们姐妹几个守在别人家门口,闻着肉味望梅止渴,像吃大餐一样。癞蛤蟆也陪在一旁呱呱地叫着,晚霞像染缸里碎了的蛋壳。

那时洮河还没有通水,她们喝的都是城里供应的自来水,一毛钱一担水,但如果用装汽油的大桶去灌水,一桶只要六毛,却相当于十二担水。孩子们不知道珍惜水,一到夏天还是常常戏水打闹。到冬天,大家都躲回土房了。开春寒的时候,老师会让她们背柴去学校生火。老师在火苗摇曳里一板一眼地讲课,孩子们的脸都被熏红了。

她又念起爸爸妈妈了。八十年代定西包产到户,她们一家就在路边开了一个压面铺子,每到赚了些小钱的时候,父母就带孩子们去兰州玩。爸爸开着一辆大拖拉机,后面拖着小山坡一样的沙丘。爸爸在沙子顶上挖了个坑,她们姐妹几个就坐在上面。现在坐大巴车,一个半小时就能从兰州到定西,然而她更怀念爸爸的拖拉机——到兰州的时候,已经过去四五个小时,太阳都快落山咯。阳光透过黄土高坡的尘埃落在她身旁的沙丘上,触手可及。

现在爸爸已经走了十多年,她仍时常想起他。爸爸生前最大的心愿,是让七个孩子中有三个能走出农村。他的愿望达成了。王老师有时觉得这都是天意——她并未想过做教师,然而教师让她拿到了城市户口。如果自己还待在农村,现在也许就在街边的摊位上卖水果和蔬菜。不过她是个努力进取的女人,她觉得即便如此,自己也可以过得丰衣足食。

她最初在乡下做老师,做了八年。农村孩子并非异乎寻常——他们既不会睁着求知的大眼睛,也不会偷鸡摸狗。比起城里的孩子,他们只是显得脏兮兮的——有些孩子鼻涕拖得很长,也不以为然。他们大多害羞,不敢和老师说话,问一句说一句。王老师把家里的旧衣服带来,送给冬天没有衣服穿的孩子。有些穷孩子早晨来上学要走几个小时的山路,王老师就把他们叫到宿舍,把从丈夫那里学来的一手川菜炒给他们吃。一边吃,孩子们一边讲他们自己的故事。她记得一个女孩姓高,她到现在都记得她的面容。女孩平常不和同学讲话,吃饭也不吭声,只是一个人待在角落里。那天吃着吃着,王老师想起女孩村里的一个老师,传说他常年对女学生图谋不轨,如今已经被枪决了。王老师问她:"你小学不会是在那个学校念的吧?"姓高的女孩低下头,不说话了。

过了一阵子,女孩来到王老师办公室,说:"老师,我明年不念书了。"

"为什么?"

"不能念书了。"

女孩回头就走了。至于为什么不能念,王老师始终不得而知。王老师再也没听到过她的消息。她希望她后来嫁

You have to be responsible for fate even when you are still a little kid.

当你是个孩子的时候,你就要开始为命运负责了。

—Sun Zhonglun

了好人家，有了几个漂亮娃娃。她希望再偶然撞见她时她变得能说会道，叫身边的女儿喊奶奶，仿佛过去的阴霾都一扫而光了。

王老师在 2000 年初来到定西城里。光是考上城里的初中老师名额，她就用了两年，而再过两年，她就成了这里的招牌老师。家长倾其所有让孩子上她的班，老师见她也毕恭毕敬。她告诉年轻的老师，做老师要记着自己的本分，不要昧良心，要一视同仁、换位思考；打孩子的时候注意分寸，想想如果是你自己的孩子你会怎么做。年轻老师们点点头，若有所思。王老师每天忙忙碌碌地工作，并没有在意今年是她教书的第二十多个年头，仿佛日子重叠在一起就不值一提。某一天她接到学生的电话。"喂？是王老师吗？我是赛儿，你以前在山里的学生，你还记得我吗？对，就是那个回族男孩儿。那时候，你还帮我缝衣服呢。我现在在宁远镇的乡里做乡村老师，过得很好，结婚了，有一个宝宝。"

是什么让她觉得失落？也许是女儿的成绩不太好，而人家老师的孩子都出类拔萃，这让她有些尴尬。又也许因为现在是三口之家，总觉得没有从前三世同堂、八个姐妹那般热闹。可她一直所期望的无非就是家人平安健康，现在不正是如此吗？她忽然发现自己似乎从未有过什么奢望，总告诫自己，该有的都有了。偶尔她会去买彩票，开玩笑地说，如果中了大奖她会先把学校里的操场给铺了。

她有时忙到一早晨要在家和学校之间来回六次。她告诉自己，累是活人的特权，不累才奇怪呢。她说烦恼一会儿就可以烟消云散。

[三]

她想起五十多年前饥荒的时候，她还是一个孩子，一个定西姑娘。那时人们叫她小安，而不是安奶奶。她住在十八里铺，离定西十八公里。彼时一家七口人，如今只剩下她和两个哥哥。

她常想起饥荒时的情景。那是1960年，她十一岁，眼神是清澈的。干裂的大地横亘在她没有滤镜的记忆里面，五十年来不断闪现在眼前。她觉得是因为老了，因为孤独，童年景象才更加肆无忌惮地纷至沓来。有时她梦中惊醒，饥肠辘辘仍如身临其境。而她随之感到庆幸——她意识到自己已有了女儿，有了孙子，有了一段平凡、漫无边际的人生。

她还记得1956、1957年间的事情，那时还是包产到户呢，日子过得辛苦、波澜不惊。1958年，时代骚动起来，"大跃进"开始了。在定西，大人们被征去引洮和"平天震地"——把河流引来，把山坡铲平，这样就好种地。大人走后，大队上的人来家里收东西。灶台、锅、桌子、凳子都没有了，整个屋子只剩下炕和被子。有床的人家，连床也收走了。

1960年，十一岁的小安每天和兄弟姐妹去公社食堂吃大锅饭，一天两顿，没有米，没有面，只有糊糊子。大大（爸爸）在这一年回来，据他说，引洮工程失败了，"平天震地"也没有了下文。"人定胜天"成了逞强的呐喊，虚弱如大洪水前绝望的人类。

也是在这一年，天开始不下雨了。

人们抬头望天。四季更迭，朝夕交替仍一成不变，只是不再对人施以恩惠。庄稼枯萎了，食堂烧不出吃的。小安饿得不行，一早就出门挖野菜。有的能吃，有的不能，但人人自危，有的吃就不错了。她记得那时杏子还没熟，是青色的，有毒。她看到便摘下来吃，吃完，居然感觉身体好了许多。大大还让她满山去挖土豆。土豆都被大人们挖空了，小安就跟在他们后面，在地上找他们不小心漏掉的小块头。

一天晚上，他们一家人团坐在屋里，沉默不言——他们山穷水尽了。大大哄骗儿女们睡觉，许诺一些不可能的希望。夜半，他独自起床，去半山腰偷别人家晒干的白菜。出门的时候，他被抓住了。他被人围起来，在地上打。快黎明的时候，他步履蹒跚回到家，躺在炕上。第二天，他不说话，只是看着外面。过了几天，他断气了。家人把他抬出门，挖了小小一个坑，就埋了。

她忘了自己是如何熬过艰难岁月，忘了具体的细节，维生素和蛋白质如何在她体内维持脆弱平衡——然而对于死之渺小，生之无助，她却记忆犹新。当她仍是孩子的时候，她就学会对一切苦难习以为常。她记得那时坐在泥地上，从白天到晚上，只是想：

"有白面馍馍吃，就好了。"

"如果吃饱了，就想要一件花衣裳。"

直到1963年，庄稼才终于长起来，小安和家人总算不必再忍饥挨饿。然而和邻人聊家长里短的时候，人们会刻意略过那些死去的人，仿佛一段突如其来的噩梦，旧事重提只会雪上加霜。小安留意到那些消失的同辈小孩，那些嬉戏和笑声还余音绕梁。她有时会追问，为什么消失的是他们，而不是她？为什么她在饥饿中活了下来，为什么她吃下青涩的杏子却安然无恙？岁月稀释了她的追问，没有回答。

丰衣足食的年代里，她喜欢给女儿们讲自己的故事。女儿们没经历过，都不爱听残忍的事物。有时候，她嫌饭菜不好吃，女儿们就在一旁打趣："你经历了1960年的人，还挑食。"

结婚那天是她第一次穿上儿时梦想的花衣裳。之前政府每年每人发两尺布，可两尺做不了衣服。正如那个时代千千万万的女人一样，她并不了解当时的丈夫，是因为婚姻他们才走到一起。结婚的时候是1967年，她十八岁，丈夫二十一。房间里丈夫告诉她，他希望有个儿子，所有儿女都能念书；他希望一家人上进，有一半的孩子能拿到城市户口。那一刻她觉得自己的苦难画上句号了，命运报之以一个可以依靠的男人。其实，结婚的时候，生活还苦得很哩。那时没有主粮，只有玉米和小米，而长麦子那是1970年以后的事了。但她觉得这些都没有关系，比起命悬一线的童年简直不值一提。十八岁的她对未来充满信心。

她最终没能生出儿子，却有了七个女儿。除此之外，丈夫的诺言和期待都一一实现。重新包产到户以后，他们在马路边上开了压面铺子，赚来的钱供女儿们上学。三十五岁时她忽然觉得自己是大人了。那时她已经有了几个娃娃，开始操心，发愁。是忧虑让她感觉青春已逝。压面铺子里她和丈夫忙得不可开交，十二点睡觉，四点起床干活，然而一年到头看到劳有所得她感觉欣慰，觉得老去也值得。她看着丈夫把兴高采烈的孩子们放上拖拉机后背的沙丘上，载去兰州城里玩耍。在女儿的歌声和拖拉机渐远的轰鸣里，她感激命运仁慈。

三女儿结婚那天，是在山底下。有人拍照，有人录像。在喜庆的时刻，她却感伤。她想起女儿上大学时每周回家，她都送到火车站，目送女儿远行。那时她便知道女儿有一天会离开，走得远远的。这一天很快到来了。女儿走上红毯的时候她想起十八岁的自己，单纯羞涩，而如今的女儿却落落大方。她既宽慰又忧愁，她希望女婿也能像丈夫那样顶天立地。她转头看着丈夫——他是个有个性的人，想好的事情非干不可，而如今却犹豫不决，畏手畏脚，他是否也在分享她的忧虑？

在眼看着辛苦日子就要走到尽头的时候，丈夫去世了。那时女儿已经成为城里有名的英语老师，而她膝下也刚子孙满堂——她还以为终于到了他们享受天伦之乐的时刻。丈夫走后日子一天天好起来，定西城里造起鳞次栉比的水泥房子，她却六神无主。直到现在，没有一天她不想起他——他们一起经历过饥荒、贫穷，而那段艰难时世竟成快乐的日子了。

"如果还活着，他就有福享了。"她说，"现在，有福我一个人享，有难我一个人当。"

丈夫走后她觉得自己真的老了，皱纹让她想起童年时看到的干裂的大地。那时她的眼神尚且清澈，如今已含混不清。她说，人老了之后，过一天是一天，过一年是一年，一辈子过得快得很，一周一眨眼就过去了。在十二岁的外孙身上她看到五十多年前的定西孩子，瘦骨嶙峋，蹲在干涸的地球表皮上寻找大人遗落的土豆。如今的外孙过得相当舒坦,饭要端到跟前才肯下咽。她告诉他,在她们那个时候,生活要更加辛苦一些。

"再好着了,再好得很。"谈起如今的生活,她说,"我满意了。"

[四]

那是一座随黄昏而沉没的村庄,用泥土和枯枝砌成的世外桃源。村户如碎了的玻璃渣子散落在山头的四面八方,灰色的梯田连绵不绝像巨人的台阶。它是摩登世界的弃子,地图上无影无踪——为了到达那里,你需要穿过参差的乡间小道,与那些蓝色的三轮机车们擦肩而过,紧接着,穿过热闹的集市,女人们站在路中央叫卖洗衣粉和肥皂,她们的粉红毛衣臃肿而黯淡,像被踩碎的、香气散尽的花瓣。最后,跟着两个戴着蒙面头巾的老人,沿着干涸的河道一路向前。

"再走半个小时,到前面那个山头就是了。"

赛老师记得六年前刚来到这个乡村小学,他坐在颠簸大巴上,像震荡的鱼骨一般越过一座座山坡。那是 2009 年,他大学毕业,意气风发。学校里没有窗户,没有门,校长和两位代课老师站在校门口迎接他。校长说,这里常年干旱,一下雨就麻烦,外面下小雨,屋里下中雨。再十年前,这里还没有屋子，老校长住在学校底下的山洞，夜夜与柴火相伴而眠。

他记得2009年，学校里还有七十多个孩子，每到放学，就像田鼠般四散而行，有些路远的，要几个小时才能到家。傍晚，他站在山头，看天上的云彩，数路边的羊群。那是久违了的自由空气——在这里他忘掉了兰州的黑烟滚滚和乌鲁木齐的灯红酒绿。"天蓝蓝的，这里让我觉得自由自在。"

农村在沉没，他是知道的。他也知道那日复一日自由自在的感觉是孤独、悲剧性的。两三年前，政府和某个香港商人捐了钱，通了网络，重铺了教室，泥土上架起两台石头做的乒乓球桌，可孩子们仍然越来越少。到了今年，六个年级只剩下十二个学生。村里只听得到葬礼的哀乐，再无结婚的喜庆。这让他每天傍晚的眺望既辽阔又忧伤，像瞳孔前披上了一层黑色的雾。

"赛老师，赛老师？"

他回头，是宋洁在叫他。宋洁五年级，扎着两个马尾辫，有溪水般的大眼睛。她正把书包的肩带挂上手臂。

是孩子叫他赛老师的时候，他才意识到在六年前自己就已为人师长。童年的锅碗和泥土还历历在目，而如今他已是一个成熟男人，大手可以罩住孩子的头。时间像一条收缩的线，飞速地缩短，最后被塞进了一个黑色盒子。

那是八十年代的定西乡下，唐家堡，好地掌村。村里全部是回族人，百年前从陕西迁来，至今还说着陕西话，作为从未真正融入的标签。小时候，赛儿在土地上长大。没有吃的，一日三餐都吃土豆。"土豆养活了我们定西一代人。"小学五年，学校里没有炭，从未生过火。一百多个学生全是回族孩子。六七个老师，只有两个是正式的，一天两节课以后，就找不到人。中午，孩子们出去捉蛇和松鼠，上树偷杏子。周末，他们随大人去清真寺学《古兰经》，听阿訇讲道。灵魂，上天堂，下地狱，赛儿一知半解，然而教义却如影子般缠绕在生活的静脉上，时刻散发着隐喻和劝诫。"我记得阿訇每次说话都最强调'善良'。宗教对我的影响特别大。"

然而善良意味着什么？若需要在宏大图景与血肉之亲当中选择一样，应当何去何从？有适用于一切的正确选择吗？宗教在这里通常适可而止，火炬在分岔路口前熄灭了。

当童年结束时，赛儿去了团结中学上初中。他不会讲定西话，也不会讲普通话，总在后排默默无闻。第一次英语考试，他连 ABCD 都不认得。那时的老师都用棍棒教育，其中一个政治老师，总往死里打学生，学生的腿肿起来，下课都走不了路。那位政治老师爱笑，笑里藏刀，冷不丁就扇人耳光。然而教英语的王老师从不打学生。他记得她是短头发，总爱穿裙子，上课都讲普通话。他觉得她是城里人。王老师鼓励他,他的英语成绩也节节攀升,可仍不敢和老师讲话。他记得初二的时候,他的衣服破了,王老师把他叫到办公室,给他缝衣服。他稚气未脱,羞红了脸。王老师低头缝衣的时候,他呆呆站着,看着老师的头发从头路向两边铺展下去,像溪水被包裹在密林中,那是他想象里花团锦簇时的家乡。

"王老师启蒙了我。因为她,我想当老师,从那时起就想当老师。"

初中时,他与李广关系最好。他叫李广"飞将军",他们住一间宿舍,平常一起打乒乓。"和李广熟,因为都是农村人,没什么心思,没复杂的东西,见得少。"那时住宿是通铺,三四十个孩子挤在一个教室里睡,没有火炉,也没有毛毯,半夜被冻得发抖。尿床的孩子,起床时床单都结冰了。赛儿每天三四点就被冻醒,他便起来,去窗口背书。

到了初三,赛儿家里穷得一无所有,只得举家迁往新疆打工。刚到新疆的中学时,老师看他是甘肃来的,拿着他团结中学的成绩单说:"你的成绩表是瞎填的吧?"他不说话,暗自努力,每晚只睡两三个钟头,在期中考试拿了全校第一。孤独的日子里,他给李广写信。李广早就放弃了学习,初中毕业去了职业中专,收到信件,也常回寄自己的照片。毕业以后,李广就一直漂泊着。他先去了宁波,再回定西打工。如今的飞将军,开着挖掘机,搬砖头。他的命运在初中毕业后就被盖了章,随后的漂泊与逃离既未挣脱它,也无法延缓它的宣判。读不好书的汉人去建筑工地和砖瓦厂;读不好书的回人去牛肉面馆。酒桌上,提前沧桑的飞将军喝多了,和赛老师回忆起初中时光。李广发现,并没有什么值得记住的事情。

在去往阿克苏支教的火车上,赛儿认识了自己的妻子,那时他大四。他还第一次见到了外国人,一个来自意大利的老人,他们用支支吾吾的英语相谈甚欢。此时李广正在宁波的工地上,穿梭在傍晚的车流里,茫然无措。赛儿的表哥在老家种地和放羊。他曾与赛儿住一个宿舍,是班上的最后一名,那时便一声不吭。如今,他仍不喜欢与人讲话。"地怎么样?""就这样。"他的回答简短而敷衍,仿佛激情早已流失于干瘪的大地,烈日下只剩下一具驼背的人形。赛儿的其他兄弟,像命运指派的那样,在牛肉面馆里打工。加汤、加葱、加辣;加汤、加葱、加辣。回族人擅长烹饪。

大学毕业以后,赛儿成了一名乡村老师。周围的人都不理解他——他是定西孩子中的幸运儿,是难得有能力去选择生活的人。他们说他没有追求,不去市政府,而去做老师。赛老师不以为然。他说自己从小长在农村,自由自在惯了。他说他和王老师一样,并不羡慕钱多的人。他又想起王老师——因为她,他开始想做一个老师,做一个孩子们身边的大人。他怀念她在宿舍给孩子们做的川菜。上一次见到她,是他回乡高考的时候——他看到远处的女人骑自行车飞驰而过。她穿着裙子,短发变成了长发。那是王老师,不会有错。可太远了,他看不清。

或许有许多事情,人本身便无力看清——模糊是其本质。他每天傍晚站在山头眺望远方,贫瘠大地的尽头,是迷蒙的光。

他想起,今晚要家访宋洁。

[五]

"我喜欢体育。喜欢跳绳、踢足球。以后,我想做一个医生。"

"为什么?"

"……"

"我有一个哥哥。1996年的。他对我很好。平时,周围没有小伙伴一起玩,我就帮妈妈做家务、擦窗和擦桌子。"

"周末呢,做什么?"

"……"

"我没有什么烦恼。"

"那有什么愿望吗?"

"……"

宋洁今年五年级,扎着两个马尾辫,有溪水般的大眼睛。她反应敏捷,能说流利的普通话,然而在特定的问题前,会像没有听见一样,只是看窗外。

"她害羞。"赛老师说。

她害羞吗?那为何她的沉默从不拖泥带水——没有模棱两可,也没有支支吾吾?在她旁若无人的时候,她像是灵魂出窍,洞悉一切了。

家访的那天,宋洁的家里正在装有线电视。村支书叼着烟,指挥两个屋顶上的工人。宋洁的爸爸站在村支书的身边,若有所思地看着村支书看着的方向。电视机装在屋里炕的对面,播音女人的嗓音和雪花的杂声混在一起。炕上散着热气,红白的被子有一股积聚不散的炭味。

"家里种土豆、麦子、胡麻、玉米和豌豆,什么都种。冬天没什么事了,就养养牲口。再要到三月份才做农活。"宋洁爸爸说:"到了丰收时候,就把土豆和玉米卖了,其他自己吃。我们都是靠天吃饭。天好的时候,一年赚两万;不下雨的时候,一年就一万。"

宋洁爸爸抽着烟。他吐烟很慢,恋恋不舍。今年他四十四岁,戴着军帽,一身迷彩服下是一双红色球鞋。最近几年,他早已习惯的一年四季的作息,是早上五点出发种地,晚上九点回家,做饭,喂牲口,十二点睡觉。他说自己"没有爱好,没有时间"。在屋里,他只是一根接一根地抽烟。

"干活的时候,想什么?"

"钱,钱,钱,钱,多挣两块钱。"

宋洁爸爸出生于七十年代的定西山头。小时候吃不饱,上中学时每天喝稀饭,连馍馍都没得吃。1989年,他十八岁,贫穷与饥饿催促年轻人远走高飞。他想碰运气,去内蒙古打工,然而没有文化的汉人,徒有蛮力,只能去砖瓦厂。九十年代,他回到家乡,结了婚,生了儿子,留在父母家里,再和妻子外出打工。他随乡人去了蒙古,蒙古的砖瓦厂是当地最大的企业。

"在蒙古那两年,像在坐牢。我们听不懂别人说话,砖瓦厂也不让出去。"他说,"没有一刻不想着回来。哪儿待惯了,哪儿就好。"

他十八岁时挣脱着逃离的家乡,无边无际的荒凉山庄,此刻竟成了他魂牵梦萦的地方。如今他再回想起当时在蒙古的日子,除了苦,竟说不出什么其他滋味了。

"南方人打工,还有玩的。我们这种做砖瓦的,就是做了睡,睡了做。"他低着头,像是想起每晚九点喂养的牲口,"不过,不苦也没有办法。"

"后悔吗?"

"没什么后悔的。自己没本事。"

"有没有开心的事?"

"也没有。"

他说完，报以一笑，露出黑色的牙齿。显微镜下烟碱正在侵蚀牙齿里的珐琅质，像一个悲伤而严肃的喜剧演员。

"我是文盲，娃娃学得比我好。"宋洁妈妈说。她正把鸡蛋打进汤里，汤里还有番茄和土豆，这是为老师们准备的。宋洁妈妈矮壮，有着农村女人少见的精力——大部分人，在她的年纪都提前衰老了。

宋洁妈妈的故事在结婚之前是一片空白——并非她没有童年，而是她不讲述，仿佛女人因婚姻和孩子才变得完整，之前的故事都成了家族叙事的边角料。宋洁爸爸在蒙古搬砖头的时候，她正在新疆库尔勒剪棉花，和许许多多的女人一起，让人想起19世纪的阿拉巴马。如今，她去了兰州建筑队，宋洁爸爸早晨五点出门种地的时候，她也在工地上醒来了。她和男人们一起建造不知能否有人入住的高楼大厦。

"现在的社会，我们这种人就没办法做。没文化。"她说。社会变化得快，没有赶上进步的列车是他们自己的责任。

"现在的生活，保持下去就行。一切为了娃娃，为他们，什么都愿意。"

1996年，她的第一个孩子出生了，是个男孩。他在襁褓里的时候，是由爷爷奶奶带大的。后来，他去了村里的小学、镇上的中学，一路都是好孩子，家里贴满了他的奖状。妈妈告诉他，成长路上要走得正派。许多和他家庭相似的孩子，在镇上上中学时就加入了混混帮派，毕业时节一到，便永远销声匿迹。如今，他正在兰州的一所职业技术学院上大专——这是乡村孩子能得到的最好结果之一，它保证了一份稳定工作。

"我们很重视教育，因为不想让娃娃像我们这样受一辈子苦。"宋洁妈妈说，将将步入中年时，她就给自己的人生盖棺定论了，"我们这里，唯一的出路就是读书。就连打工，也是看天吃饭。不好的时候，老板跑了，我们饭都没得吃。"她又重复了一遍，"我唯一的希望是，儿子不要像我一样受苦。"

"对宋洁也是这样的期待，考上大学，有正式的工作。"她说，"家长都这样嘛。"

他们也有尝试励精更始。今年，国家搞精准扶贫，他们是目标户，可以无息贷款四万块。

"快贷上了。我们准备搞养殖，养牛，一个牛娃能挣两千块钱。"

宋洁妈妈端上番茄汤的时候，忽然显得轻松了——或许是明年的牛娃让她喜不自胜。汤里有股淡淡的涩味，那是雨水的味道。洮河水还未通到这里，村民们都用存在地窖里的雨水。这里的人们好客，无论何时都是如此。

"对现在的生活满足吗？"

"满足。"宋洁妈妈说。此时此刻，土屋里显得其乐融融——妈妈舀汤,爸爸烧炭,老师谈笑风生——唯有宋洁被忘记了。自始至终,她都安静地坐在桌边做作业,一声不吭。

宋洁的小学时光见证了孩子们的稀零——因为计划生育,也因为宽裕的农民都进城了。如今,留下来的孩子大部分是别无选择的单亲家庭。他们都有相似的故事:因为爸爸出去打工,娶了媳妇,媳妇来到这里,看到荒凉景象,生了孩子便逃走;或是因为家里的男人去了附近靖远的煤矿打工,有一年煤矿爆炸,死了七个人,六个是村里的。六个男人,六个家庭,剩下六个孩子。

宋洁的沉默有点神秘,就像婴孩的喜怒无常。当然,她也会因为哥哥跋涉而来的到访喜出望外,会在跳皮筋时像个孩子,但更多时候,她不说话。她的沉默既是拒绝,又是回答。

[六]

2008 年 12 月 21 日,"突然发现,家乡的距离,也只是公交汽车上一部颠簸的电影。"

2008 年,我十四岁,这一年,我转去上海上学。若有人问起,我的少年时光比起定西孩子的岁月,有什么值得赘述的,我会难以启齿——那些隐忍的自卑、空洞的期冀也让我们的经验奇妙地融会贯通。我的初中，一段我时常羞于启齿的时光。十二岁到十五岁，一半在家乡，一半在都市；一半在城里，一半在路上。

2008年12月21日，我乘坐大巴车回家。风很大。汽车站的热狗油腻，气味浓重，像廉价的口红与蕾丝袜。站台里，人流来往不息，有婴儿哭泣。那时我已经习惯了周末的长途汽车，车厢里，有一股如魂魄般的幽暗气息。路上，天色渐晚，到最后，抵抗黑暗的只剩下摇晃的车灯，和屏幕里闪烁的警匪片——砰，砰，砰。一片血泊。周润发露出迷人的笑。

若说我在路途上学到了什么，那便是对重复与平庸置若罔闻。乡间的红房子，广告牌上的姚明和罐头，钢厂烟囱里的蓝色火焰……这些景象一次又一次出现，在固定的时间地点，如同牛肉面馆里的葱和辣、建筑工地上的砖瓦。没有灵感喷涌而出，没有惊喜。一如既往，只有琐碎记忆漂浮在窗外，像劣质、驱而不散的幻灯片。

离开家乡小镇的那一天，我头一次理好了书桌。我最好的朋友，胜寒，并不在教室里。徐涛是为数不多和我认真道别的人。他的成绩最差，老师让我帮助他，我却总在自习课把他的名字记在黑板上。我走之前几天，他对我说，他一定要考上船厂的技校，将来，做一个高级技工。他写座右铭的时候，问我 fly 怎么拼。后来，我听说他在船厂打架，被开除了。有人在牛排馆的厨房见到他。

来到新学校的第一天，我尝试变酷。在讲台上我与陌生的同学开玩笑，听到稀稀落落的笑声。回到座位上，我用书挡住自己的脸。温柔的老校长告诉我，不必见外，也别给自己压力。然而第一次考试，我便迟交了，前面收卷的老师大声地说："别把你们那里的坏风气带到我们这里来！"我抬头看她，愤怒之外，我第一次感到自卑。是在那一刻我意识到自己是一个外来人，一个小镇男孩，这是我永远无法摆脱的身份。前桌的两个男孩模仿我说话，总在句子末尾加上语气助词，"这次作业很多的喔。""这个老师好凶的喔。"他们把"喔——"字拉长，哈哈大笑起来。我陪着尴尬的笑脸，仿佛承受他们的嘲笑，我就不必成为众矢之的，而可以变成他们的一员。低头的时候，我多希望我从来没有说过"的喔"，从来没有被生在小城里。我感到羞耻。我憎恨自己，憎恨我的家乡。

初三的某一天我回到以前的学校，从窗外看到胜寒，和他微笑示意。我发觉他的眼神是惊喜而失落的，像在注视一个不期而至的病人。后来他告诉我，他看我的时候，就像在火车站目送列车离开。六个月后，我又回来拍毕业照。我们站在巨大的架子上，人头攒动。队伍一会往左推，一会往右挤。摄影师给手势的时候，拥挤忽然停住了。时间像静止了一样。摄影师的镜头里，我仿佛可以看见自己的瞳孔，和缓慢移动的秒针。我从未如此清楚地意识到，不管在哪里，我都是个局外人。

在开始几个星期之后，我已不再担心自己的成绩。每次考试，我将做完的版面留给同桌，他选择性地抄错几题。我怕他，又渴望证明些什么。内心里，我仍然将自己划分为一个小镇男孩，而一点微不足道的分数优势仿佛可以稍稍填补我的卑微身份。班级里，我不常说话，只有中午的时候，一个温州男孩会来找我吃饭。他成绩不好，是班里的笑柄，而在遭受嘲笑的时候，他总是随之大笑，好像只要他也乐在其中，那些就都成了善意的调侃。在我转学的第一天，他捂住作业本上的红色叉叉，不时在课上回头对我说，其实他很优秀。后来的某顿午餐，他告诉我："你看我们，一起考个差些的市重点怎样？"我默不作声。过了一会，我端起饭盆提前离开了。回教室的路上我走得很快——我在逃离什么？

我忘了是何时原谅自己的，忘了何时与家乡冰释前嫌。在一个周六的中午，2009年的3月14日，我去了汽车站。还有二十分钟就要发车，我坐在候车室里，吃薯条。一个五六岁的男孩到了我跟前，他像是个西北的男孩，穿着厚重的黄色棉袄，有着短而乱的头发和白里透红的面色。然而他突然用力地抓住我的包，我扯回来；他再拉，我紧紧抱住。

"不要！"我对他挥手。

他呼哧地松开，双手悬荡，如拖线木偶。他的脸上没有表情，嘴巴是微张的，唯独有一双游离的眼睛——那眼神晃动得剧烈，仿佛什么东西让他目不暇接。人群匆匆而过，他是在找谁呢？

后来，一个女人跑来，抓住他的手，打了屁股。随后她抱起他，很快就消失不见。然而男孩的眼睛却不断闪现在我眼前，那样迷茫而无助，在混乱中我们像是有什么隐蔽的联系被打通了，仿佛战火里陌生人拉起的手。

2009年，3月14日，"这是个陌生而拥挤的世界。我们都在路上，走的路却不同。"

那天晚上，写下这句话的时候，我知道自己在撒谎。从他的眼神开始，我已无法再专注于自己的支流。此刻，我想去了解他的家乡。

我想，有一天，我也许会去那里做一个老师。

[七]

如今，在去定西城的颠簸大巴上，我又想起那个男孩。六年过去了。如果他还在上学，那刚好到了初中年龄。按照剧本，他回到家乡，我恰好在那里做了老师，操场上我们擦肩而过，谁也没有想起对方。

三个月前,我绕道去了会宁。那时还是夏天,沙尘里,一个男人在路边抽烟。会宁是曾经的甘肃状元县,那里没有水,教育是唯一的希望。而如今,因为警察扩招,大批教师辞职去公安局。在会宁城里,我遇到两个高三毕业的孩子,鹏飞和娇娇,他们都上了一本。到了高三,他们几乎不再放假。每天早上五点半起床,吃一块钱三个的馒头。

"平时除了学习,做什么?"

"就去食堂吃饭。"娇娇说。

娇娇从未出过会宁,她最喜爱的活动是一年一度桃花山的庙会。那个时候,会有卖小吃的、烧香的和山顶唱戏的人。她的梦想是,"到了大学,老师做实验的时候,能带上我"。

"我想出去自己弄。喜欢自由的生活,不爱为别人干活。"鹏飞说。他的家里开杂货店,父母为了孩子从天水搬来会宁。他的妈妈说,只要孩子能考上大学,出去说话都腰直。鹏飞是班长,从来一丝不苟,然而刚从天水搬来时,他觉得自卑,觉得这里不属于他。从那时起,他有了秘密的爱好,钻研恐龙化石。

"我对美国的印象是,恐龙化石最多的有三个省:怀俄明、科罗拉多,还有一个忘掉了。"

"犹他州?"

"对,犹他州。"他说,"我还听说,在美国,当国歌响起时，每个人都会停下手边的工作。"

三个月以后，我来到定西。我随王老师上课，她讲，我记。每节课后，她都问我："我的发音标不标准？可不要笑话我。"课余的时候，她给我讲她自己的故事，大多是些琐碎的事情。

"和期待的生活是否一样？"

"一样的。从来没想过，奢求过什么。现在，觉得该有的都有了。其实，本来就是平平淡淡的。"

没有故事是平淡的，只是在叙述完之后，她重又把它擦干净。这是许多人会做的事。我在独处的时候把它们记下来，仿佛置身其外。在别人的自白里，我从来都是一个他者，一个叙述的幽灵。

每天放学，我随孩子们回家，风沙很大，他们咳嗽着，用口罩捂住脸。在家长面前，我说自己是实习老师。他们讲述自己家庭的故事，往往越是不幸，就越没有遮拦。诉说的时候，没有人是愤怒的，也无人抱怨。

"我是在瞎苦，"他们说，"我希望孩子别像我一样。"

我们的对话是单向的，我从未分享自己的故事。在交谈的末尾，他们会说，"在好着了"，"现在是满意的"，仿佛故事突然峰回路转，在谢幕之前匆忙搬上圆满的结局。我不知如何回答，只是点头，"现在好了，将来会更好的"。

在所有的故事里，甚至于自己的，我都无能为力。在每一次交谈后,我都觉得自己同样也深陷其中,他们的命运与我是真实相通的,从王老师到王老师的母亲、学生、学生的学生,到我,藕断丝连,盘根错节,张张合合。它们扎根于宏大叙事却反抗它,像一颗死去的种子,记忆不再专注于政治、历史与偏见,细胞飞向四面八方。在遥远的宇宙里我们久别重逢。那里,我们都长满时间的枝条,只有一条脉络代代相连:善良、勇气与忍耐。我想,我们都曾是定西孩子。

≋ 随笔

149　犹太在于运动

云也退

Jewish people on Sports

161　在高山前，盖一所木屋

郭玉洁

To Build a Log Cabin in front of a Mountain

痛苦的人很难有好的体魄,而快乐则同健康直接相关。犹太人呢,他们常常是既痛苦,又快乐,他们都知道乐极生悲的道理,也都懂得如何苦中作乐。

犹太在于运动

撰文 云也退

盛夏的安息日，村里渺无人烟，寂寥一片。阿尔农拉上我去俱乐部里转了一圈。"孩子们都在那里，"他说，"不过我们得一起去，否则你会迷路的。"

儿童教育是这里的人最引以为傲的事。他们说，村里出来的孩子性格温和，善于合作，脑体发展均衡，分开时都是独立个体，聚起来立刻形成一支军队。他们在村里自办的幼教中心长大，保育员和老师基本都是村里的人，把农业社会的美德——朴素、耐心、热爱劳动与自然——都传承给了下一代。

远远的有个棕色房子在橄榄林中冒了头。该是到了，我听到了熟悉的动静：嗒，嗒，嗒，还有脆脆的吆喝声。一群孩子站在圆柱之间的门廊里，围着一张黑色的桌子，一只小白球在桌上飞来蹦去。人多眼杂，在我看清他们之前，两个瘦胳膊瘦腿的男孩子就不知从哪儿跑了出来，他们没理会阿尔农，只是朝着我比画着手势说："哈啰，你，打球来吗？"

我冷静摊开两手:"可是我不会啊。"

我说的是真话,这是无法滥竽充数的。他们顿时脸色大变。八九岁的犹太男孩通常会有一点攻击性,也很容易表露出折磨人的受挫感。现在,他们就处于后一种状态。

"Are you Chinese(你是中国人吗)?"其中一个孩子高声问道,他快要哭出来了。另一个孩子紧紧咬住了嘴唇,显然不敢相信眼前的现实:"Are you from China(你来自中国吗)?"

他们痛苦地跑了回去。"他们本想请你做教练的,大概。"阿尔农说。

在以色列,男人玩乒乓球比女人普及得多,女子乒乓球甚至没有建立职业赛制,不过,犹太民族自相矛盾的痼疾甚至波及了体育领域——迄今最有名的一位以色列乒乓球选手却是女人。玛丽娜·克拉夫琴科,一个乌克兰犹太人,1994年到以色列参加乒乓球邀请赛时同一名教练一见钟情,两人结婚后她便入籍了,并荣幸地成为这个国家乒乓球打得最好的女人,拥有一个专业训练团队。

她在欧洲打出了不小的名气。2004年的雅典奥运会,玛丽娜随以色列代表团出战女乒单打。第一轮,她打败了一名姓名和她差不多长的希腊选手,四局比赛比对方多拿一倍的分数;第二轮她制造了大新闻,把当时排名世界第六的罗马尼亚选手奥蒂丽娅拉下了马；可惜，一个名叫塔玛拉的克罗地亚女子以 4-0 让她止步第三轮。

"中国人的统治地位太强悍了，"她丈夫在赛前说，"不过，以我家玛丽娜的性格，一切都有可能。"

看上去不值一提，但雅典在以色列历史上算是一个亮点。那届奥运会，他们拿到了建国以来第一块、也是至今唯一一块奥运金牌，立功者是帆板运动员伽尔·弗里德曼。那年的庆功宴几乎是为他一个人准备的。伽尔迅速成为全民偶像，他为了奥运推迟婚期，在夺金之后，他拿奖金在一个远离城市的集体农庄租了一套房子，用作自己的训练基地。

以色列人总是乐于崇拜这种质朴无华的英雄。不过，他们从没觉得一个伽尔·弗里德曼就能洗刷一片暗淡的奥运会战绩表了。中国人对举国体制、"金牌机器"的冷嘲热讽，他们真的无法理解，因为他们的奥运业绩，用一页 A4 纸就能打印出来。

"你们的孙太棒了。"刚到村里时，一个中年人见了我就称赞。他说的是孙杨，那阵子正赶上孙杨在伦敦奥运会上连连拿金。我见他拇指乱竖，便问："你们的运动员都参加什么比赛？"

那人直摇头："不不，我们不行。"

很少见到以色列的犹太人这么谦虚，之前他们面对任何问题都是一副"嗯,那又怎么样?"的态度。

"我们好像有个举重的还是摔跤的,"他说,"我记不清楚了,反正没戏。"

这是真的:聪明的犹太人,做什么都成功的犹太人,在体育这一项上出了点状况。

竞技体育历来不在犹太人作息表里。怠于竞技是由于传统,一百多年前的犹太人就不好运动,因为他们一直以宗教立身,一整套虔敬上帝的仪式,诵祷跪拜,研经修身,阻止他们去像崇拜众神的希腊人那样去开发奥林匹克意义上的运动精神。上帝再虚幻也是真的,运动再真实也是假的。

希腊人有万神殿,犹太人只有一个神,他们的性格,从哪个角度看都与活泼好动不沾边。虽说,上帝无所不在,可这仅仅意味着犹太人在任何时候都要念想他,信靠他,不是说要追着这无所不在的上帝练脚力。在上千年的流亡中,犹太人一直研读《塔木德》,遵守它的教诲,这部智慧书说,他们应该比试的是虔敬上帝的功业,而不是把多余的能量消耗于毫无用处的竞速和竞力上面——尤其是速度,犹太人眼里从来没有"田径"二字。

然而,犹太人总有例外。他们强就强在"逼得出来",只要生活能给予足够的压力。

丹尼尔·门多萨,一个伦敦犹太人,生长于一个贫困的宗教家庭，生活的重负挟着他一步步前行，到1792年，他成了英国重量级拳击冠军，之后连霸四年，成了世界上最有名的拳击手。门多萨创造了"犹太流"，也叫"科学拳击术"，什么意思呢？意思是在他之前，拳击还只是斗殴的一种。

都是生计所迫，但凡一个家庭日子能过下去，谁舍得自己的孩子去玩拳击这种暴力十足的运动？门多萨开创了犹太体育史上的一段黄金时代。他的侄孙后来移居美国，于1857年夺得了全美拳击赛的轻量级冠军。跟随门多萨家族，一大批犹太人投身这一行，有的去当拳击手，更有一些人开始从事拳击经纪、赌博和娱乐性质的表演拳击。

门多萨不但赢了很多比赛，赢法还很犹太：他身小体轻，腾挪灵活，兜转几下便能把大个子对手撼得重心不稳。犹太人大受鼓舞：哇，这不正是当初圣王大卫战胜歌利亚的翻版吗？不拼气力，专斗智慧，扬长避短，攻其不备。所以，虽然门多萨打破了犹太人不从事竞技体育的惯例，族人对他的成就还是很信服的。

在英国和美国，犹太人在长达一个半世纪里都以擅长拳击闻名，拳击的豪蛮放纵，证明他们不是些逆来顺受的寄生者；更有甚者，就其内在感受而言，犹太人吃一点皮肉之苦，还会心生快慰，就仿佛自己和整个民族的苦难融为一体似的。除了拳击，摔跤也是犹太人的"传统强项"，那是公元前4世纪，亚历山大大帝征服东方，把巴勒斯坦地区并入希腊版图的时候，在当地生活的犹太人向希腊人学来的。古希腊摔跤的习俗是全裸，于是，犹太选手变得异常醒目：他们晃荡在外的阴茎上少了一圈包皮——行过割礼，至今，这都是犹太男人的标志。

第二次世界大战之后，打拳的美国犹太人越来越少，就是因为他们已在新大陆站稳了脚跟，可以安心于照看灵魂，再也不需要靠身体拼生路了。当犹太人的日子好过起来，竞技体育的位置重新变得尴尬。于是，赛马和高尔夫球，这两种表演或休闲重于竞技的运动项目，吸收了大量犹太参与者。此外还有击剑。犹太人从无贵族血脉，但他们一旦有了钱，也会与这些仰仗贵族传统的运动结下缘分。

不过，以色列毕竟是一个从草根发展起来的国家，市民里通行的还是"艰苦奋斗"时代的运动。走进俱乐部，占核心位置的赛事还是乒乓球，多是男孩子们打球，女孩子或坐或站，在旁边观看，有时也挥拍上阵，抡上几下。

现在登场的是两个黑发浓密的男孩，他们都瘦，手脚伶俐，一看就是运动的好手。球桌不高，他们从不弓身，都直直地站在那里比试，小白球在他们之间叮叮当当地跳跃。我身边，一个成人捏着拍子，看样子随时打算上台。我注意起他们的手，那手背上汗毛汹涌，然而不长毛的地方都凸露着红红的节疤。干惯了农活了，我想。

"欧——哈——"孩子们嘹亮地吼着。一转眼，那个成人也登台了。

这国家的大众体育实在是发达，三四十岁的成人，与十几岁的少年一起比赛的并不稀罕。除了乒乓球，还有游泳和足球，这两大以色列人最爱的运动都视年龄为无物。谈到奥运会时，他们很是谦抑，但说到自己的身体，以色列人永远憋不住赤裸裸的炫耀。

根据官方调查机构2011年公布的数据，82%的以色列人在受访时宣称自己"很健康"。官媒罗列的世上最健康的食品都是自己国民常吃的：橄榄油、牛油果、羊奶、姜黄粉、葱蒜、柠檬叶……犹太人个头适中，四十岁以上身材完美的比比皆是，在风景平庸的海滩，许多人滚了一身脏脏的黄沙，霸占着几件简易的运动器械；日光浴场里，那些浑身肿大、晒得像根烤肠的老年人基本都是西方游客。

我和阿尔农坐了良久。在我们坐的地方，一圈木格子里放着一盘西洋双陆棋。阿尔农也不是擅长或爱好竞技的人。我问他："你会下那个棋吗？"

"当然会，你不会吗？"

"教我吧。"

我们把木棋盘打开，搁上棋子，拈出骰子。通常情况下，用到骰子的棋类都很好学，也都上不了场面——我用了两分钟就学会了：黑白两方，谁先走到对方的大本营那边就算赢。我们两个大男人，就在热闹的球桌边上，安安静静地掷起骰子来。

痛苦的人很难有好的体魄，而快乐则同健康直接相关。犹太人呢，他们常常是既痛苦，又快乐，他们都知道乐极生悲的道理，也都懂得如何苦中作乐。像门多萨那样的拳击传奇，年深日久，不提也罢，今日的以色列犹太人——我指的是占犹太人口80%以上的世俗犹太人，例如村里那些——之所以如此在乎身体健康，一个深层的心理原因，就是想彻底摆脱关于昔日的痛苦记忆。毕竟，他们曾是弱者，是无家可归的人。

奥运会非但无法满足他们，还给犹太民族自大屠杀之后又添一道新伤，这就是1972年慕尼黑奥运会上发生的事。巴勒斯坦"黑色九月"恐怖武装在9月5日凌晨闯入以色列代表团驻地，连开枪带劫持，联邦德国组织的营救行动失败，11名以色列运动员全部丧生——都是犹太人。

慕尼黑惨案，在以色列的奥运史上，可比伽尔·弗里德曼的帆板金牌有名太多。两大强项都损失惨重，十一位死者里，有三位三十岁上下的举重选手、两位摔跤手、一名摔跤裁判、一名摔跤教练、一名射击教练、一名击剑教练、一名田径教练和一名举重裁判。好几个年轻人五年前刚刚参加过"六日战争",五十一岁的举重裁判的经历最教人唏嘘:他是波兰犹太人,1943年千钧一发之际从波兰逃到苏联,躲过了大屠杀,他的双亲和兄弟姐妹都死于集中营。他们的照片陈列在纪念馆里,时隔四十年,那些死时正值青春的人,看起来也都很大岁数了似的。

一群犹太人死了,另一个犹太人却成名了。就在那届奥运会上,马克·施皮茨,一个留小胡子的美国游泳健将,赢得盆满钵满。他是第一个在一届奥运会上夺取七枚金牌的选手,幸运的是,七块金牌全是在9月5日之前入袋的。1972年9月6日是全体参奥人员的哀悼日,当时便有人提议取消所有比赛,但遭到大多数运动员、包括其他国家的犹太参赛者的反对:他们备战四年,只为这一刻,不想放弃扬名立万的机会。

这就是竞技体育,让以色列人甘苦尽尝,冷暖在心。这些年,以色列人把更多的报道用在了残奥会上,因为他们在那里的夺金机会更大些。这不是笑话,奥运会比拼国家实力,残奥会,看的更是个体,那些能坚持到最后的人。

乒乓球赛结束了,我看见有个孩子举着一个简易奖杯,在四五个同龄人的包围中蹦了几下。大家散去,没有掌声。

我同阿尔农下了两盘棋,都输了。第二盘,他的全部棋子都集中到我的底线,我还有两个棋子没有杀出本方半场呢。我说:"不用下了,你赢了。"

"为什么不下完?"

他既不得意,也没有不满,只是默默地、执着地扔出了两粒骰子,拨动手指,把两个棋子放进终点的槽里。然后把骰子交到了我手里。

我花了一个月时间在这个沙漠小村里劳动,认识了一大圈人,依然没能搞明白布局和方位。这里一两百号成人、八九十个孩子,共享一个俱乐部、一个人工湖、一个游泳池,还有一片半野生的足球场。这些地方在天黑之后我是根本找不到的,只能靠瞎蒙乱撞,在这个过程中感受以色列的犹太人对体育的感情。非工作时间段,不管多晚,湖里总是有人,水灵灵的欢喧声,让我想起波提切利(Botticelli)和鲁本斯(Rubens)的画。

有一个夜里,我依约去找一位女孩的父亲聊天,七兜八转就到了足球场。

仿佛全村的男孩子都在这里。场地边就站了十几个。我逮住一个看起来比较成熟的:"你知道纳达家怎么走吗?"

那小子瞪圆了眼睛,拽着我胳膊:"Join us(加入我们)!"

呼啦一下围拢来三四个孩子。他们互相推搡着,大概在说"你别难为人家,他连乒乓球都不会"。然后,其中一个孩子整整衣服走出来,拉我到一边,告诉我:"往那里一直走,你会看到很多房子……"

另一个孩子冲上来,把他拖回到场地里。下一轮攻防又要开始了。

一天中的大部分时间,我对着电脑、手机,刷最新的信息。从一个链接到下一个链接,留下很多看了开头的文章,和一事无成的沮丧心情。我加了很多人,"成为朋友",世界四通八达,却很少抵达某个真实的人。

在高山前,盖一所木屋

撰文　郭玉洁

[一]

"我还以为我们是来学做桌子的呢。"雪莉慢悠悠地说。

雪莉的短发像雪后的蓬草一样,皮肤则是另一种白,细腻雅致,好像从没受过风霜日晒。细密的皱纹分布在嘴唇四周,无论讲了多么精彩的笑话,她的嘴唇总是紧紧抿着,和想要绽开的脸部肌肉对抗。两颊微小地收缩,笑意只在眼睛里闪烁,像个狡黠的巫婆。此刻,她就这样笑嘻嘻地,站在竹床旁边。

这句话显然引起了共鸣,坐在竹床上的女人们一阵大笑,像强烈阳光下腾起的灰尘。"对啊,对啊。"我们说。

呃,站在竹床对面的辛西娅仍然保持笑容,嘴唇直咧开到耳朵边,露出健康的上牙龈。她正在解释今天的工序,突然被雪莉打断,笑容有点僵住,歪着脑袋,眼神垂到地面,似乎在想该怎么回答。辛西娅是工作坊的老师——一个女木匠,在沾满泥垢的土黄色衬衫里,找不到身体的轮廓。她非常瘦。但是你想象不到她挥锤子的时候,会多么有力。

我的意思是,第一次学木工,居然就学造房子,天哪。雪梨也已经换上了太阳帽、紫色长袖衬衣,微微驼背,双手背在后面,握着锤子。

"其实,造房子比造桌子简单多了。"辛西娅想好了答案,收起笑容,眼神确定地停留在我们身上。

所有人都被这个答案镇住了。真的吗?

三个月前,当我报名木工工作坊的时候,像雪莉一样,没有想到是来盖房子。同事问:"你们结束的时候,会做一个东西吗?"我说:"可能吧,做个板凳?"同事说:"难道不能做个好看的东西吗?比如说……花瓶?"我不知道做一个木花瓶是否明智,但是毫无疑问,在我们的想象中,木工,是做家具,是为了装饰,是好看的小东西。

直到昨天,我从上海出发,经过清迈,坐车来到这个泰国北部的乡村——清道。今天清晨,蹲在皮卡的车厢里,卡车停在一片芒果林,我们像一堆土,被下在了工地。林中的坡地上,立了十根高低不一的混凝土柱子,像梅花桩一样——我们要在这里盖一座木屋。

"真的,造桌子很难,造房子,很容易。"辛西娅又强调了一遍。

早晨的清道,凉爽的夜晚和暴烈的白天正在交替。还有最后一丝凉风,穿过茅草搭的工棚。一天当中干活的黄金时光,很快就要过去了。

"也许就把桌子留给高级班啰。"雪莉没有忘记终结自己的话题。

[二]

工作坊十六个成员,白人占了一半,剩下的一半亚洲人当中,中国人又占了一半——正符合当前的国际情势。

对于即将开始的体力劳动,小燕非常紧张,她说:"你看这些白人,咱们肯定拼不过她们。"不错,大部分白人姑娘都很强壮。有一对法国姐妹,胸部像两个排球,走起来像一片山在动。更重要的是,她们对待体力工作毫不含糊。直接抬起发电机,直接拿起锯子,好像理应如此,没有丝毫犹豫。白人和咱们是两个物种,小燕惊叹。

所以,在工作坊的第一天,当她们在太阳底下、水泥柱子之间忙碌的时候,我很自然地没有加入,和另外一队人蹲在坡上的阴凉处,学习如何磨凿子。

我的凿子是在泰国买的,透明的红色塑料柄,长方形的钢刃。在磨砂石上洒一层水,一手握柄,一手固定刀刃,稳定地磨,等刃上立起细细的钢粒,再磨反面。如此三轮,才算合格。

我一边磨，一边想，磨凿子要用来干吗？也许这就是中文里说的，工欲善其事，必先利其器……突然听到坡下有人喊道："我们这儿需要壮劳力！"我左右一看，没人响应，其他三个中国女孩都很瘦弱……我不由自主跳起来，走下坡去。

原来她们正在挖坑，把最后两个水泥柱子埋进去，完成所有的地基。这里的泥土是红色胶土，非常坚硬，因此挖了一半，即使白人姑娘们也要力竭了。我拿起铁锹——这铁锹也不同于中国北方，柄是全钢、螺纹的，锹头很窄，像矛一样，人要把锹往下掷，用铁锹自身的重量，刺破胶土，翻起来，然后把浮土舀出坑外。铁锹非常重，只十来下，胳膊就已酸胀，无力提起。我和美国的丽萨轮流。丽萨是两个孩子的妈妈，她有着中年妇人扎实的体型，坐在坑边，一声不吭，只顾一下一下把钢锹往下扔，坑里发出闷闷的声音。几轮下来，我感到虎口疼痛，原来已经起了水泡。换了一把木柄铁锹，较轻，但落在坑底，只能溅起一些土点儿。我生怕被丽萨发现自己没有力气，使劲砍削着坑的边缘——丽萨并不理我，只是闷头投掷着最重的铁锹。

半小时过去，用卷尺一量，不过深了五厘米。而我们需要挖到一米五。太阳已经升到头顶，空气像滚烫的沙子，一点风也没有。皮肤开始发烫，汗流了满脸。大脑和身体一样，变得呆滞了。我爬出坑，到坡上喝水。另一队人仍蹲在地上磨凿子。小燕抬头看见我,问:"你行吗?"我点点头,又下坡了。

傍晚,一天的工作结束了,水泥柱子终于埋了进去,房子的根已扎定。回到民宿的小木屋,我用仅有的力气洗完澡,爬上床,身体沉重得像水泥,没有一处可以动弹。唯一的动作是时不时地哼哼一声,好像只有这样,酸痛才会减轻一分。

小燕坐在旁边,跟朋友用微信聊天:"大头今天干了重活,累坏了。"朋友问:"怎么了?"小燕说:"她要为国争光。"朋友说:"她们pku的人就是这样。"

小燕转回头说:"明天可别这样了啊,悠着点,还有九天呢。"

我只能回之以哼哼。

她又说:"你要知道,白人跟咱们不是一个物种的。"

第一天的体力劳动之后,我已经无力思考,昏昏沉沉地睡了。

[三]

主办工作坊的组织,叫作 International Women For Peace(国际妇女和平组织,简称 IWP)。

IWP 的创办人之一 Ginger,是一个短发、英俊的美国人。

她说，读大学时，她对美国的政治很失望，于是毕业后迁到泰国，和泰国的妇女组织工作者韦朋共同创办了IWP，至今已经十三年了。

Ginger说，社会运动非常漫长，我们想要的目标，都要经过很久的努力才能达到，甚至无法达到，但是做木工，在十天、一个月内，看着一样东西在自己手里完成，会让人有成就感——这是一种"疗愈"。

这也是IWP中"P"（Peace）的由来，让那些在社会运动中、生活中受伤的女人们疗愈，获得"内在的平静"。为了达到这个多少有点"东方"的境界，方法是同样东方的瑜伽、禅修、佛学。去年，IWP贷款在清道买下一块地，想建成农场，变成全世界女性主义者的疗愈基地。现在，我们正在亲手建起农场的第一座木屋。

在唯一的重体力活——挖坑——结束之后，我发现，最大的鸿沟不是体能，是语言。

不用说，我们的通行语言是英语。即使亚洲人中，大部分也都是流利的英语使用者。来自马来西亚的Meichern，戴着眼镜，平时不太说话，总是微微躬着背，双手垂在前面。Meichern是华人——父亲是海南人，母亲是客家人，但是，家里送她读马来学校，所以，她不会中文，只会说马来语和英语。她说："我也自学过中文，但是太难了，太多线了。"

几个中国人笑得停不下来，重复了好几遍"太多线了"。

我问 Meichern："你的名字，应该是有中文的，是不是？"

她说："是。"

"是美晨吗？"

她茫然："我不知道，我爸告诉我，是选择的意思。"

我们交头接耳，然后问："是美择吗？"

她说："我不知道……有很多线吗？我就记得有很多线。"

白人中，除了辛西娅专程从密苏里州飞来，其他都已定居在泰国。丽萨和佩吉在附近的有机农场工作，教人们如何进行有机耕作、制作有机产品、盖泥屋，她们的口号是"吃好，住好（Eat well, live well）"。雪莉在曼谷的大学教书。胖胖的法国姐妹中，姐姐拉提莎非常幽默，她说笑话时瞪圆眼睛，滴溜一转，没有人能忍住不笑。妹妹奥勒莉原本在出版社做校对，她逻辑缜密，情感不像姐姐那么外露，但是同样爱说笑话。拉提莎曾在海牙国际法庭做人权律师，三年前为了 Ginger 迁到泰国，她们在清道举行了一场婚礼。去年，妹妹也辞了职，搬来清迈。她正在找工作，至于找什么样的工作呢，她说，有意义的。另外一位法国姑娘艾斯特拉，曾经是拉提莎的同事，她对法国的政治环境感到失望，搬到泰国，宣称要把盖房子作为自己的政治实践。

每天早上到工地,辛西娅用英语向大家解释,今天要做什么,怎么做。说完之后,她询问的目光掠过每个人,"有问题吗?"短暂的沉默之后,欧美人会提两三个问题。没有亚洲人提问。我很想提问,但不知道问什么,因为完全没有听懂。木工的英语,似乎比平时还要难。

辛西娅发令:"好了,没有问题的话,我们开始工作啦。"大家四散开,法国人用法语交流,泰国人用泰语,中国人凑在一起说中文:原来都没听懂。只好再问辛西娅。

第二天,辛西娅拿了一张白纸,画图演示。第三天,又拿来木头示范,说英文的速度也慢了很多。我紧盯着她的动作和口型,这才明白,听不懂的英文里,有很多术语。我们像中学英文课一样,重复着这些单词,原来这是梁,这是柱子,这是龙骨。

很快,木工自身的语言浮现了:数学和实践。只要在木头上比画,辅以简单的英文,"这样,这样,对吗?"辛西娅拿起凿子,说着客气的句子,"你介意(我给你演示一下)吗?""当然,当然。"我一边把木头让给她,一边说着考试时会扣分的答案。

一旦建立起有效的沟通,木工并没有那么难。善于心算的中国学生甚至可以很快指出,刚刚计算的两个数字不符。辛西娅眼睛一亮:"你知道吗,你说得对!我刚才算错了!"

"房子的结构该怎么建呢?"辛西娅继续解释,"常见的情况是,我们把柱子、梁切好,用钉子全部钉起来,可是,怎么说呢,我更喜欢这样"。她画了一个有凹口的小方块,又画了一个有凸起的小方块。

噢,就是榫卯结构!中国人热烈地说起了中文。这可是中国的传统——尽管我们并不真的了解它。

[四]

我和小燕分到一根柱子,标号C。在未来的房子里,它位于南墙。像我们所有的建材一样,C拆自一所旧房子,已经晒得发白,有旧的槽口,雨水留下的渍,虫蛀过的洞,还有不知哪里来的墨痕。首先,我们选择最干净平整的一面,确定让它朝外,写上"face",然后,测量、计算槽口的位置。

小燕让我想到一些知青小说,小说里无论善意或恶意,总会出现一个上海女孩(或男孩),Ta们像漫画人物一样,在农村生活里格格不入。现实也果真如此。小燕的妈妈从上海到江西插队,她挑着扁担回公社,担子里的粮食只有别人的四分之一。走到一半,晕倒了。上面看她体弱,把她调到炊事班。她不干:"我在家都从来没有伺候过人,你让我给人做饭!"别人告诉她,炊事班是最轻松最有油水的。她恍然大悟,留在炊事班,直到回上海。

小燕出生时，妈妈没有奶水，长大后她吃什么都不胖，身体薄得像张卡片。一个地道的城市女孩，想到下地、做体力活就恐慌，但是，每天的工作结束之后，不管多累，都必定要洗澡、洗衣服。第二天，穿着干净的衣服去工地。

力气活的确不是小燕擅长的。锤子拎起来太重，电锯推到一半压不住，在木头里乱飘。可是她逻辑清晰，爱动脑子，总在想有没有更省力的办法。辛西娅说，要在柱子两头凿出槽口，把底梁和顶梁嵌进去。小燕问，能不能用锯子，两边一锯，槽口就出来了。辛西娅说，凿好之后，再用凿子把槽口修平。小燕脑子一转，如果有刨子，不是更好？尽管没有刨子，锯子也不好使，但小燕很得意："如果在古代，我就是发明工具的人。"

因此，测量、计算也多半是小燕的工作。我们很快在C上画好线，等着法国女孩艾斯特拉统一核查，再动手凿。

艾斯特拉穿着橙色背心，宽松的条纹收脚裤，清晨搭着一条围巾（在工地上围围巾！）中午解下来，露出宽平的肩膀，和晒得发红的皮肤。像是来参加一个露天音乐节，而不是盖房子。

但是核查起数字来，艾斯特拉又的确像法律专业人士。她蹲在地上，拿着两个角尺，绕着柱子上上下下地量，嘴里嘟哝着法国口音的英语。小燕露出不耐烦的表情，她不能理解，为什么艾斯特拉量了木头的长度，又量了其中一段，居然还要量剩下的长度,法国人不会减法吗?我焦虑的是,我们要在今天凿好所有的槽口,现在只剩半天了。艾斯特拉把两把角尺翻了过来,抬头说:"短了一毫米。"

"一毫米?"

"可能也行,我不知道。"艾斯特拉耸着肩膀,两个嘴角往下撇,像胡子一样。

"一毫米,应该没关系吧。"我们说。

"我不知道。"艾斯特拉端着角尺,两手捏着尺寸,捏着绝对的精确。我们烦恼地蹲在一旁,看看她,又看看木头。木材经过了日晒雨淋,早已改变了,平面不平,直角不直,一毫米,将是难以改正的误差。

辛西娅跨过横七竖八的柱子,大步走过来,蹲在旁边。

艾斯特拉说:"短了一毫米。"

辛西娅说:"一毫米完全没问题。"

艾斯特拉说:"我不知道。"两个嘴角仍在往下撇。

辛西娅说:"一毫米完全没问题,两毫米都行。"她又说:"这不是做桌子,不需要那么精确,差一点没关系。"说完,她站起来走了。在到处是新手的工地上,到处都需要她。

艾斯特拉说:"我不知道……也许你们锯的时候可以少锯一毫米。"

坡底的空地上,塑料布搭成了凉棚。柱子抬到阴凉地,大家或蹲,或是坐在柱子上,埋头凿槽口。锤子撞击凿子、

Not sure

how many people have led such lives. They get drowned in such depth of misery, or even deeper, purchasing large houses, getting their kids enrolled in private schools, and thereafter being like driving racing cars in the amusement park, wobbling at high speed. They have to make more and more money and achieve greater success.

— Guo Yujie

凿子撞击木头,"砰砰"作响,木头时或清澈地裂开。十米外,发动机轰鸣,电锯开动了,齿轮旋转着,击入干硬的柱子。从前觉得尖利刺耳,现在却觉得,这是可以理解的声音。

锯,无论手锯,还是电锯,是一个坚定有力的行动。相比之下,凿,是一个精细活儿。要观察、测试木头的纹理,否则,可能会凿得太深,或是凿得太慢。一开始大力、粗率地破开木头,到后来,仔细、耐心地修到合适的尺寸,修得平整。

我们的柱子似乎特别坚硬。凿开干裂的表面,出现一块黑色、隐隐有绿色的结,一凿子敲下去,就滑开了。韦朋说,在泰国,这被称为树的眼睛。我小心地凿着,越到深处,越是坚硬,摸上去致密光滑,好像要成为玉了。

小燕说:"让我凿一会儿吧。"

我说:"我凿吧,我力气大。"

小燕说:"让我凿一会儿吧。"

她语气里有些东西让我停下来,把凿子递给了她。

小燕蹲在柱子旁,捡起一个轻巧的锤子,对准凿子,敲击起来。好像一个小鸟,在轻轻地叩树皮。叩叩叩。

太阳已经快到山边。佩吉完成了,大家羡慕地看着她的槽口,干净细腻,有湿润的绿意——她的木头还很年轻。

我们的柱子也只剩最后一个槽口了。我在旁边心焦不已,恨不能抢过凿子,凿平树的眼睛。

我说:"还是我来吧。"

小燕不说话,仍然叩叩叩,收效甚微,但非常坚持。

这几天,小燕一躺下就睡着,一下工就饿,每顿吃两盘米饭——这在以前都是不可能的。失眠、心慌、低血糖、颈椎病都消失了。她喜欢木工,因为木工要靠脑力。对于体力活,对于我们的分工——她动脑、我做力气活,小燕也有了新的看法。我认为,这是最有效率的方式,我们是一个团队,应该分工。但是这一天,小燕拒绝了这个理由。她宣布说,她也要做体力活。她又想了想,说:"效率不是最重要的。"

小燕的汗水滴在了地上,细细的胳膊挥动锤子的幅度越来越小。我蹲在旁边,焦急地盯着她的每一个动作,担心锤子掉下来,更担心我们无法按时完成。槽口的尺寸凿好了,小燕放平凿子,小心地推着,把凸起的部分削掉。

收工了。小燕站了起来,仍一手拿着锤子,一手拿着凿子。她看着自己凿出的槽口,眼神不舍得离开,"哇,真好看啊。这一天过得真快"。她欢快地叹了声气。

[五]

从工地坐车,沿着乡间公路,路边是两排又高又直的柚树——这是极好的木材,我们的柱子就是柚木。柚树后,是一大片橡胶林,每棵树上都割开口子,系着一个黑色小桶,接白色的橡胶汁。大约十分钟,就到了我们的民宿。那是一片低矮的红毛丹林,散落着七八间木屋,红毛丹林的另一边,是一条小河,远处是低矮的山。

夜晚,吃过饭,我在餐厅要了一瓶啤酒,边喝边看手机。餐厅不过是八根柱子、由柚叶叠成屋檐的亭子。沉寂的夜晚,只听得到远处的狗叫,风吹树叶的声音。炎热的一天结束了,劳作也结束了,餐厅里凉爽、闲适。更重要的是,这里信号最好。

雪莉路过餐厅,又折回来,在桌子那头对我说:"你看看月亮,看看天空,别看手机!"又从胸腔发出"咳"的一声,似乎恨铁不成钢。

雪莉也未免太喜欢做老师了,我想。有天中午休息时,我嫌房间里太热,躺在吊床上看书。雪莉从小河的方向走来,我跟她打招呼,她挤挤眼睛:"我就提醒你一下,小河在召唤你。"

但我也习惯于做个好学生——摁灭手机,为自己仍留恋互联网的破碎信息而不好意思,情急之中说:"我在跟家里人说话!"

"哦?"雪莉停止了责怪的语气,坐在了桌边,"你家人在哪里?"

"我爸妈在甘肃,我弟弟在北京。"

"你有弟弟?"

"对,我有一个弟弟。"

"可是,你们不是一胎化政策吗?"

"是。不过我弟弟出生的时候,政策才刚刚开始。"我暗暗想,终于有一个稍微了解中国的美国人了。尽管这里的白人都很好,但是很少人对中国有兴趣。有一次,艾斯特拉问小燕:"上海是中国的吗?是大城市吗?"

"刚刚开始……会怎么样?你妈受惩罚了吗?"

"有啊,我妈没有产假,休息了一个礼拜就去上班了。"

雪莉的表情很凝重:"真惨,你妈妈会不会常常讲起这件事?"

"这件事?"

"对啊。过去的故事,回忆……这件事对她的伤害一定很大……"

我吁了一口气,放下了手机。当然了,她常常讲过去的事情,常常回忆,不过不是这件。我用英文磕磕巴巴地讲起母亲的故事,她是地主家的女儿,土改中被抄家,变成孤儿,在福利院长大,饥荒年代差点饿死,最后成为社会主义的工人,中国刚刚开始发展金融的时候,又做了银行的信贷员。用英文讲述,挖空心思寻找词汇,让我免于像往常一样,为母亲的故事而痛苦,但我仍感受到,我为她顽强的生命力、聪明与勤奋而骄傲。雪莉听得很专注,当我讲到历史事件,又找不到英文时,她总能立刻补充。看起来,她真的很想了解。

"所以你看,她的往事这么悲惨,没有休产假都不算什么。"我总结说。

雪莉说:"没错,这些故事真的是……"她说话时,也总是抿着嘴唇,发音在很小的开合之间,此时声音更是消沉。

我们都沉默了。

没有了手机惊人的光亮和它开启的众多扇门,想必树林间都是月光。

似乎是觉得这沉默太尴尬,又太伤感,我突然开口说:"我想写一本书,关于我妈家族的。"说完,自己也微微吃惊。我还很少告诉别人这个想法,何况是跟一个陌生的美国老太太。

"真的吗?"

"对,就写我妈和她的姐妹们。"

"你已经有书名了!"雪莉仍然抿着嘴唇,笑意在眼睛里闪烁。

[六]

吃饭时,我们会自动分到两个餐桌。欧美人一桌,亚洲人一桌。

尽管在亚洲桌上，我们也说英文，以便和马来西亚、泰国的朋友聊天。但是，能够随时切换到中文，总让人觉得放松。有时，听到另一桌的笑声，我想，她们使用英语时如此自信、默契，好像这个世界就是她们的——即使这已经是世界上的边缘角落。也许正是这种自信和默契，让我闻之却步，也让泰国本地人不敢报名。

在一个国际场合，语言当然是最重要的区隔。为了抗议英语霸权，我从没有取过英文名，也拒绝转变名字的发音——我明知"玉洁"对外国人很难发音，但是，既然我们能读出李奥纳多·迪卡普里奥，既然我们曾经花了一年时间，练习把舌头放在牙齿中间，像蛇吐信子一样嘶嘶作响，发出那两个中文里没有的辅音——辛西娅的名字中就有这个音，那么，让西方人念几个中文名字，也不算过分。

工作坊里，我照样用中文音调，介绍自己的名字，并解释了它的意思"像玉一样纯洁"，然后听各种发音，心里暗暗发笑。有人念，雨耶。有人念，雨鸡。有人念，酉鸡。更多人直接说，你。"那个,你能不能帮忙抬一下柱子？""你的铅笔借我一下。"

我常常意识不到别人在叫我，但没关系，这种小小的不便和误解，在这里的交流中是正常的。直到有一次，我正蹲在地上凿木头，听到台湾人 Sephen 字正腔圆地大叫我的名字。一抬头,一队人站在一根柱子旁,等着我去帮忙抬木头——几天的逞能下来,我已经成了工作坊的壮劳力之一。我应声正要过去,Sefen皱着眉头说:"你要不要叫Jade?这样她们比较好记。"我愣了一下,像战火中匆忙接过发报机一样,临时有了英文名,Jade。

一天晚上,往常的秩序被打破了。大部分白人都去参加朋友聚会了,民宿里只剩下雪莉和辛西娅。我们似乎不好再以位置不够为由,分两桌坐,同时,也明显地感觉到了沟通的责任。亚洲人加入了白人的餐桌——第一次吃饭时,辛西娅曾摸着桌子说:"这是一整块木头。"

吃完饭之后,身体开始忙碌地运作,精神却安逸了。轮值帮厨的人去收拾碗盘,有人泡了茶,有人盛了一盘木瓜,放在桌上。没有人说话。

当白人成为少数时,我突然觉得语言的压力塌了半截。我开口问:"辛西娅,你在密苏里的生活是什么样的?"

正托着脑袋发呆的辛西娅乐了,她重复了一遍我的问题,说:"我妈也经常这么问我。"

我意识到,我把密苏里(missouri)念成了悲惨的(misery)。但,这也不失为一个巧妙的双关。

"没事,"辛西娅说,"我在密苏里,住在一个公社……"

同样来自上海、曾经在美国读书的Gloria惊叫:"公社?美国也有公社?"

"当然了!"辛西娅和雪莉报以同样的惊讶。

Gloria 说:"我从来没把美国和公社联想在一起过。"

"美国有很多公社啊,到处都是。"辛西娅仍然很惊讶。我想,当小燕被问到"上海是个大城市吗",大概有同样的心情。

教授雪莉此时又出场了:"实际上,这是美国的传统,从美国建国时,就有这种乌托邦的渴望,某种程度上,这就是美国精神。"

我说:"我以为公社是六十年代的产物。"

雪莉说:"这也是一个原因。"

辛西娅说:"没错,我在的公社就是七十年代开始的。"

辛西娅中学时参加了一个去南美洲的实践项目,回来之后,觉得上学没意思,就辍学了。她喜欢木工,幸运的是,在美国,木匠赚得不少。三四年前,辛西娅在芝加哥的一家公司,教人做木工,用二手木材,做桌子、钟,等等——我和雪莉原本想象要做的东西。她在手机上找到那时的宣传视频:辛西娅坐在镜头前,卷舌极重、语速极快,像嘴里团着一个球。视频里的她,看起来和现在很不一样,也许是比较正常,比较中产。

辛西娅说,有一天,她在街上看到有人发传单,接过来一看,是招人去驾马车。她想,神经病吧。但是她又好奇,跟去一看,是一个公社。

辛西娅辞了职,住进了公社。这个公社种菜,制作有机产品,生活自给自足。不仅如此,TA们拒绝现代设施,包括电。没有电,因此也没有热水。晚上没有灯,点蜡烛。TA们当然也没有电脑、手机,全公社只有一个座机。

她每说一句,我们都惊叹一声。

辛西娅说:"但我给朋友们写信,用手写,他们好像都挺喜欢的,对不对?"

我们点头如捣蒜。

冬天,公社没有暖气,辛西娅就背着包去城市。美国中部的城市,有很多建好又没有使用的房子,于是被很多人占领了。她就在那里度过冬天,等春天到了,再回到公社。

我说:"中国也有很多房子,建好了没有人住。"

"真的?那有人去占领吗?"辛西娅问。

"……倒没有。"

让辛西娅心动、决意加入公社的,是创办人的理念。他主张巴西思想家弗雷勒(Paulo Freire)的解放式教育:受压迫者应该自我教育,互相学习,培养批判意识,而不是期待教育体制。但是住了两年,辛西娅发现,公社内部并不平等,创办者一人决定所有事务,一人诠释解放式教育。去年10月,辛西娅"不干了",她"跳"到另一家名为"沙丘"的公社。"这家……好一些。"辛西娅说,"他们人少,只有九个人。"

我们都替她松了一口气。

她又说:"这家有电,也有热水,挺好的。"

像所有人一样,从工地回来,辛西娅先洗了澡,换上了干净的 T 恤,此时细细卷曲的长发仍是湿的,贴在脸颊两侧。小燕提醒我,她的眉毛是修过的。也许这是女木匠的特点之一?到了工地之后,所有人的第一件事,都是在脸上、脖子上涂防晒霜。尽管如此,现在的辛西娅和视频里那个修过刘海、语速极快的女木匠不同,也和工地上那个高高举起锤子、猛地击下,又总是保持笑容、解释工序达十五遍之多的木匠老师不同,讲到这里,辛西娅的笑容渐渐隐入迷惘,若有所思。

"我已经很久没有离开美国了。"沉默了一小会儿,辛西娅又说,"我总觉得,就算对这个地方失望,但还是不应该离开,应该留下来,改变它,我觉得自己有这个责任,对吗?"

来泰国之前,我就知道,将会见到各地的女性主义者——很多愤怒的、受到挫折的女人,我也约略知道美国六十年代以来的公社传统,但是亲眼见到、听到、体验到,却是全然不同的感受。我喜欢她们,我喜欢佩吉,高高的个子,穿着湖绿色工装裤,大手拿起生菜,一边吃一边讲自己的爱情故事,她的表情、语气,就是句子、标点,以至于文字无法转述;我也喜欢幽默的拉提莎和奥勒莉,这对法国姐妹,干了最多的力气活,而且,无论吃得多饱,总是不放过甜点;我喜欢 Ginger,英俊而腼腆,不动声色,又让整个工作坊有序进行。当然,还有好为人师又充满好奇的雪莉。尽管我有时会嘲笑她们,抱怨她们没有自觉到白人的优越地位,但是,我仍然喜欢她们,喜欢她们在各个地方努力改变世界,喜欢这个工作坊的热情和力量,也喜欢建设乌托邦时的自由和迷惘,就像此刻的辛西娅一样。

"我在中国从来没有见过女木匠。"我说。

辛西娅又吃惊了,"真的吗?怎么可能?为什么没有?"

我为她的吃惊而吃惊了,"不知道……这本来就是性别分工很明确的工作吧?"

现在连男木匠都不多了。一直沉默的 Meichern 冷不丁插嘴。

辛西娅说:"Jade,如果你们要盖房子,就告诉我,我会去中国帮你们。"

"真的吗?"我又吃惊了。

"当然是真的。"辛西娅脸上不再有迷惘了,"性别和社区,是我离开美国的唯一原因。"

[七]

12根柱子立了起来,此后进程就很快了。

从长短、宽窄不一的旧木材里,我和小燕负责挑出合适的顶梁、底梁和侧梁。(我们暗地认为,这是对我们数学能力的肯定)分别有人挑出龙骨、地板、墙。我们拔掉木材里的钉子,锯到合适的长度——这都是使用旧木材必须付出的劳动,然后,就像搭积木一样,嵌在合适的位置,用钉子固定住。辛西娅四处查看,确保一切是平的。

搭好底梁,铺一层龙骨,工作坊的最后一天,要铺地板了。人们分成三组,一组锯木头,另外两组——说中文的一组、说英文的一组——铺地板。没有了语言的磕碰,我们很快形成有效分工,有人传递木头,有人负责铺,把厚度、宽度一样的木板拼在一起。是合作,却又是专注的,"这根怎么样?""缺一根宽的!""窄的都放这边!"突然有人叫:"她们在偷我们的木头!"

下午四点,地板铺完了。辛西娅半蹲着,眯起眼睛看地板的平面。她站直了说:"太令人惊讶了,都是平的!"大家欢呼起来,纷纷拿出手机,进行工作坊的最后一个程序:拍照。

这座房子已经有了形状,它长6.5米,宽6米,墙高2.5米。接下来,辛西娅和Ginger、艾斯特拉,会一起搭起人字形的屋檐。木屋的南墙,有一根柱子,写着"C"和"face",而所有的梁上,都有彩色的数字,和中文"横梁"、"底梁"、"侧梁"。

房子的对面,在芒果林的尽头,是高高的清道山。太阳已落到山顶,霞光冲遍了半边天空。Ginger说:"之所以木屋选在这里,就是希望能看到山。这就是我们开始的地方。"

在报名表上,对"为什么要参加木工工作坊"这一问题,我写道:"因为脑力劳动做多了,想做点体力劳动。"这是一个真实的理由,却也是一个敷衍的原因。更深层的,是我对生活的厌倦。

每天早上醒来,我拿起手机,刷朋友圈、刷微博,读同事的工作留言。一天中的大部分时间,我对着电脑、手机,刷最新的信息。从一个链接到下一个链接,留下很多看了开头的文章,和一事无成的沮丧心情。我加了很多人,"成为朋友",世界四通八达,却很少抵达某个真实的人。

我的颈椎变形,脂肪在腹部安居繁衍。于是我花钱办了健身卡,又花钱请了一个教练,让他陪着我,折磨我。在这种扭曲、分裂的生活中,我的生命互相消解了,正负相加,等于零。

不知道有多少人过着这样的生活,卷入同样、也许更深的漩涡之中,买了大房子,给小孩报了私立学校,从此像游乐园里的飞车,只能高速摆荡。必须赚钱,赚更多的钱,获得更大的成功。这是怎样一种高效而无意义的生活啊。

这就是我来木工工作坊的原因,我想从机器上松动,脱落。在这里,我看到了从飞车上主动掉落的女人们,她们正在搭建自己的乐园。当我回去,该如何描述这次旅行呢?——一次最好的旅行,它就是生活。

雪莉不知道什么时候站在了我旁边,她说:"Jade,中国南方是不是有很多这样的山?"

的确,暮色中,清道山层层叠叠,有不同深浅的青色。我说:"是啊,你去过中国吗?"

"没有,只是在图片里看到过。"

我们静静地看着清道山,如果是中国南方,山会更加连绵、起伏,小河绕山而行,雾气飘在山间。

"真美啊。"雪莉说。

"是啊。"我说,"不过,我们还没有在山前盖过房子。"

✚ 影像

183　消失的相机

任瀚

The Disappeared Camera

消失的相机

任瀚制造影像,但他不是一名摄影师。
相机不是他的创作工具,画笔也不是。

任瀚制造影像，但他不是一名摄影师；他有学院派的油画背景，但也没有止步于做画家。相机不是他的创作工具，画笔也不是。他作品的关键，在于探讨绘画和其他媒介之间的关联和边界。

我们这次刊登的"摄影"作品，打破了摄影的原始定义，艺术家将"摄影"作为创作的材料，而不是结果。任瀚运用了童年记忆，作为会计的母亲每天都会使用到复写纸进行创作，这种材料本身的颜色和特性，让他最后的作品既呈现出了绘画的过程性，又保留了被解构的成像原理，同时还强调了光线的介入。

在他的《灾难》系列里，每幅作品都是由九张有雕刻印记的复写纸组成的拼贴，但创作的方法却不相同。《无题（雪崩一号）》完全由手工完成，节奏、角度全由手控制，整个过程更接近绘画；而创作《无题（雪崩二号）》和《无题（泥石流一）》时，艺术家将铅笔固定在电动曲线锯上，呈现出带有机械感的粗旷效果。

《坠落的人》是艺术家对于霍尔奇尼斯（Goltzius）《四个不光彩的人（*The Four Disgracers*）》（1588）的诠释："每个人都曾试图进入神的领域，但随后皆因自己的傲慢遭到了惩罚"。任瀚选取了霍尔奇尼斯版画原作中的全部四版——坦塔罗斯、伊卡洛斯、辉腾和伊克西翁,并同时呈现出有雕刻印记的复写纸复制品以及印在白纸上的复印品。任瀚通过印出的"正像",来体现辉腾和伊卡洛斯在霍尔奇尼斯的版画中坠入光芒,用"负像"来表现伊克西翁和坦塔罗斯在黑暗中翻滚而下。

任瀚迷恋包豪斯似的简约,作品中的颜色只有复写纸本身难以复制的紫蓝色和白纸本身的白色,但这并不代表他不为巴洛克似的激荡所打动。他形容自己喜欢的作品是"危险的",也许危险的背后,是他对人性之复杂的观测,对自然之险怪的回应,这些最终引向了他对创作边界的跨越。

撰文:刘宽

参考文献:陈秀炜《镜像》

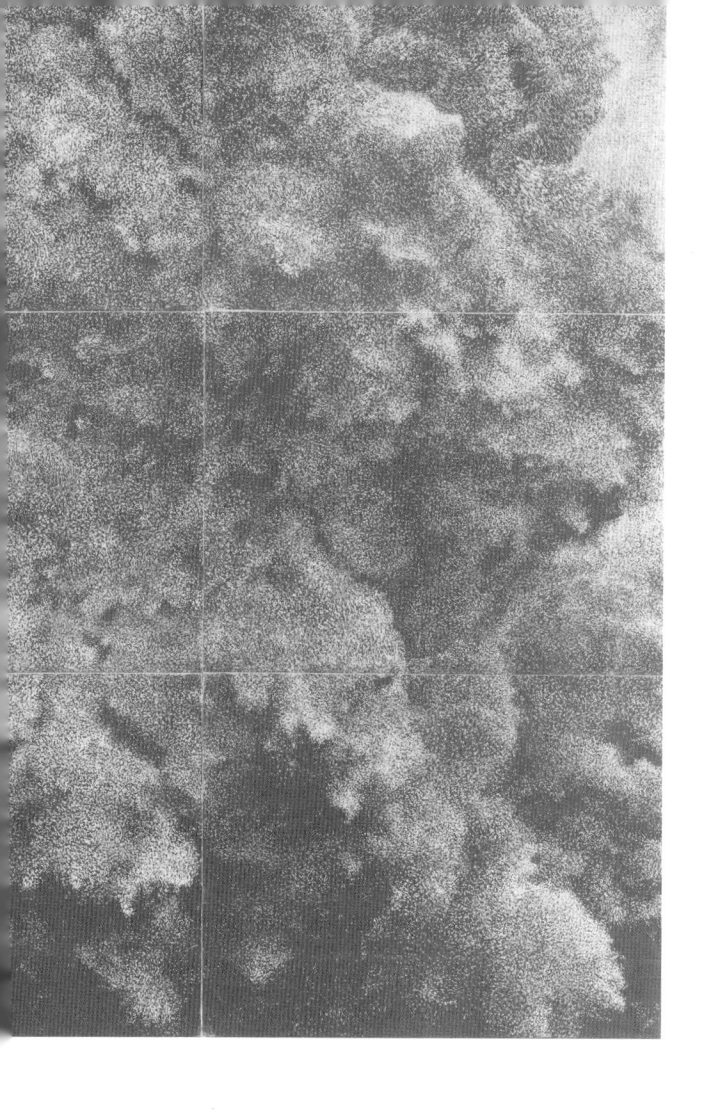

无题（雪崩一）| *Untitled (Avalanche #1)*

紫色干性复写纸 | purple carbon paper
66.6×88.5 cm
2015

无题（雪崩一） | *Untitled (Avalanche #1)*

局部一

局部二

无题（雪崩一）| *Untitled (Avalanche #1)*

局部二

无题（雪崩二） | *Untitled (Avalanche #2)*

紫色干性复写纸 | purple carbon paper
66.6×88.5cm
2016

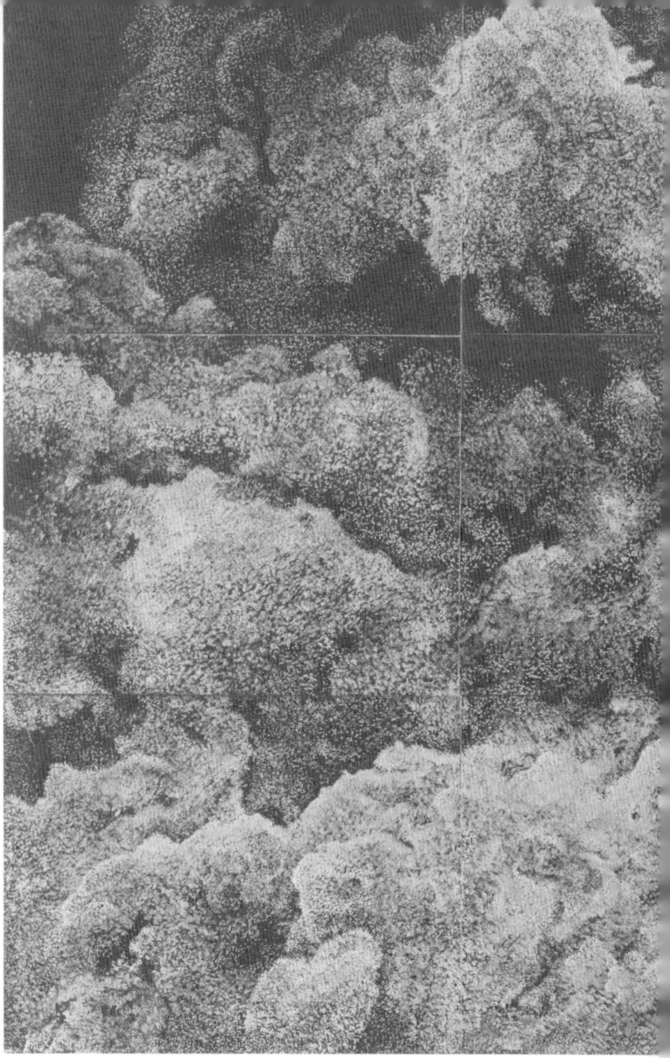

无题（烟雾一）| *Untitled (Smoke #1)*

紫色干性复写纸 | purple carbon paper
66.6×88.5cm
2016

无题（雪崩二） | *Untitled (Avalanche #2)*

局部

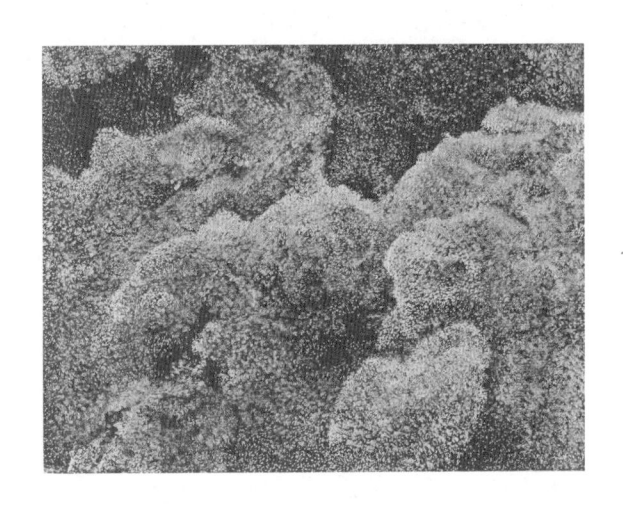

无题（烟雾一） | *Untitled (Smoke #1)*

局部

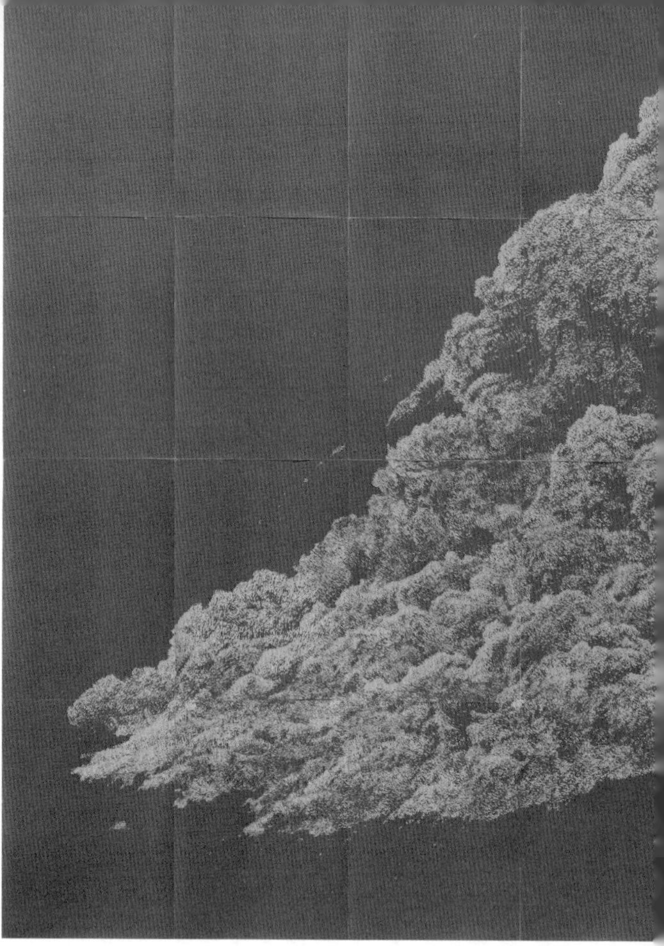

无题（泥石流一） | *Untitled (Debris Flow #1)*

紫色干性复写纸 | purple carbon paper
118×176cm
2016

坠落的人——伊克西翁 | *The Falling Men - Ixion*

紫色干性复写纸、纸 | purple carbon paper、paper
30×44cm
2016

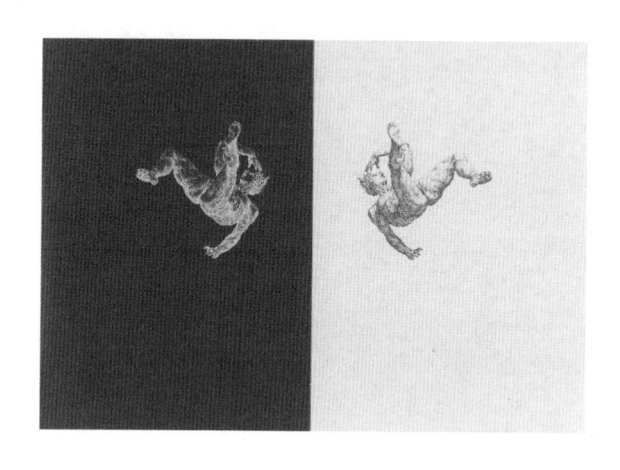

坠落的人——伊卡洛斯 | *The Falling Men - Icarus*

紫色干性复写纸、纸 | purple carbon paper、paper
30×44cm
2016

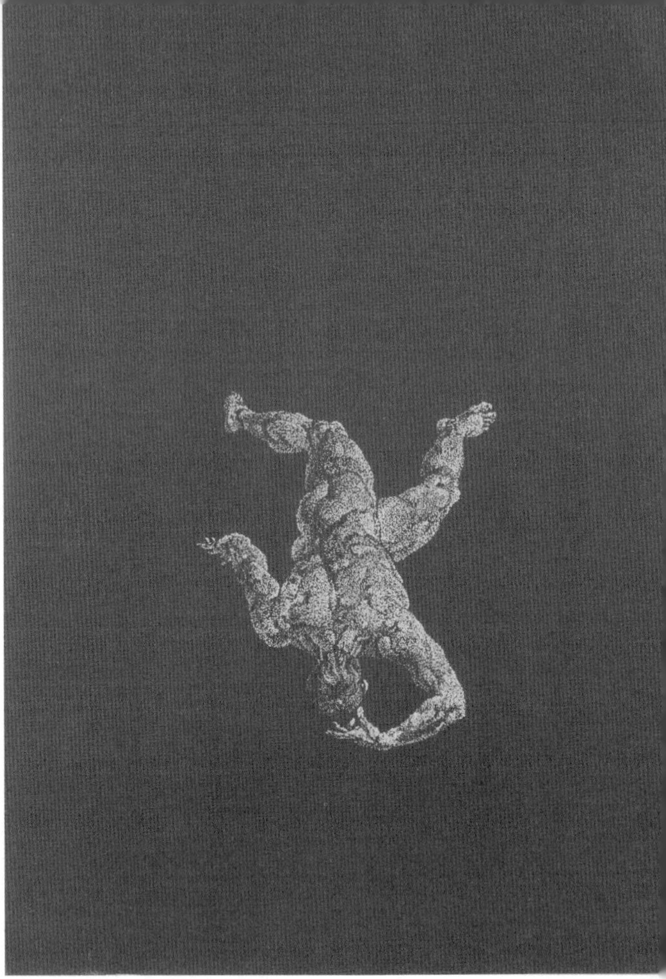

坠落的人——坦塔罗斯 | *The Falling Men - Tantalus*

紫色干性复写纸、纸 | purple carbon paper、paper
30×44cm
2016

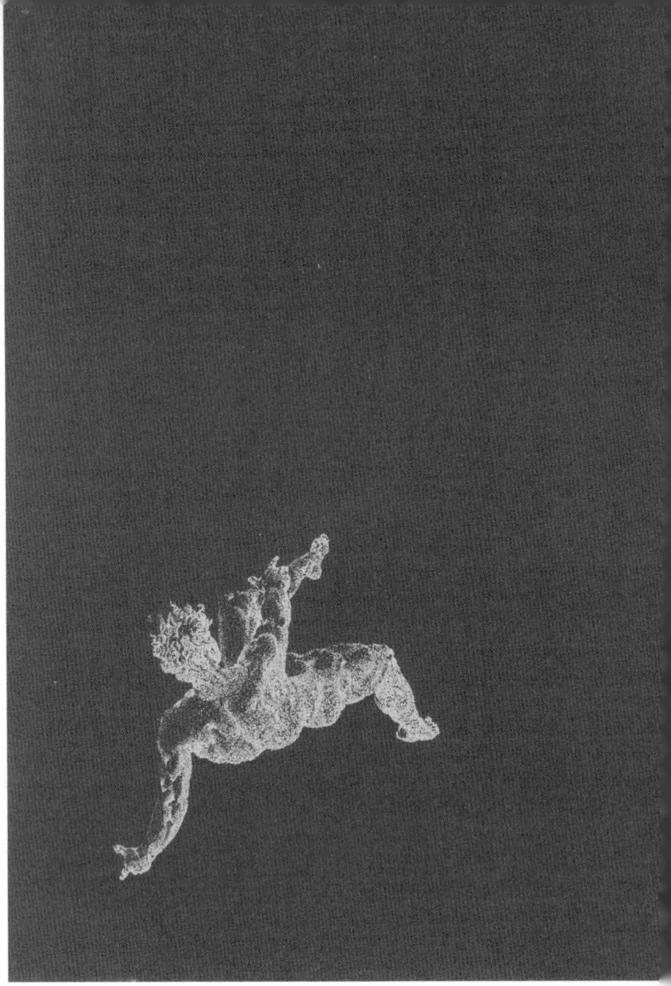

坠落的人——辉腾 | *The Falling Men - Phaeton*
紫色干性复写纸、纸 | purple carbon paper、paper
30×44cm
2015

坠落的人 | *The Falling Men*

紫色干性复写纸、纸 | purple carbon paper、paper
2015-2016

◎ 小说

215　AI

李静睿

AI

我的妻子正在做左乳房切除手术,而唯一一个对她表达关切的人,是我的情人。

AI

撰文　李静睿

"你要不要再摸一下?"小叶问我。她已经换好手术服,栗色卷发梳成髻,等会儿再塞进帽子里。染发烫发的时候还不知道生病,染完她回到家中,我没有注意到这件事,我没有注意到很多事。

我摸了一下。右手从衣服下摆伸进去,握住她左边乳房,我刚洗了手,乳头被凉意激得站起来,像以前真正的抚摸之后。我们都有点尴尬,毕竟好一段时间没有性生活,开始是因为不想,后来她体检,又去做了复查,最后切片报告出来,我巧妙地躲开了整个确诊流程。

"另外一边呢?"小叶看我把手收了回去。

"那边就不用了吧……"她点点头,知道我下面想说什么,另一边以后毕竟还在,不用急在这一时。就我们在病房里,她坐床上,我坐床边,沉默像癌细胞一般扩散开来。窗外有株老槐树,十一月底,徒留灰色枝干,在灰色雾霾里显出轮廓,我想到以前跟小叶说过,房子边上不要种槐树,因为槐树里有一个鬼。

医生来看了一眼，神态轻松，手持肯德基法风烧饼。医生一直神态轻松，毕竟我们只是一期患者及其家属，"没问题，割掉就是了，真的没问题"，好像是割一茬韭菜，但小叶的胸长不出第二茬。大学时我们首次突破棉毛衫这一层，我先握住左边，再移到右边，小叶不到十九岁，一切都没有真正定型，在我手中有一种犹豫不决的形状。后来我和它们很熟，右边那只稍大一点，但左边的乳晕边有颗红痣，开始几年我经常含住那颗痣，后来几年频率降了下来，最近几年，小叶总穿着内衣睡觉，我们没有讨论过这件事为什么发生，毕竟更多发生的事情，我们也没有讨论过。

我陪小叶下楼，看她进了手术室。场景配不上应有的心情，她自己走进去，双手插袋，看起来很健康，我一直以为她很健康。手术前不能化妆，我给她带了一瓶面霜，她细细涂上一层，我在边上看她，这么近的距离，我发现她的皮肤有点变化，这也没有什么值得感慨，时间意味着变化，在所有领域，无一例外。

我本来打算一直在手术室外等着，丈夫好像应该这么做。但两个小时后我就下楼抽烟，只要在结束前回去就行，我想，没有人会知道。协和医院门口有一种丧气的繁华，号贩子们行为鬼祟，大概以前也在中关村卖盗版光盘，神色阴鸷的男人在狭隘人行道上铺开塑料布，卖"中药抗癌，无副作用，一周起效"，身体残缺的人缓慢爬行，向每个人伸出污脏的手。在这种背景下，我觉得饿了，走到马路对面的云南米线店，点了最贵的一套过桥米线。

林夏给我打电话："手术结束没有？"

"还没有，得到下午。"

"她情绪怎么样？"

"还可以，她一直都还可以。"

米线很烫，我先吃鱼片和鹌鹑蛋。林夏在电话那边沉默了一会儿，又说："你什么时候去东京？"

我略加迟疑，还是回答了："后天早上的飞机。"

"你知道吧，我有日本的五年签证。"

"你不能去，等我回来再说。"

"不等了，我们东京说。"她挂了电话。

小叶生病的事情我们没有往外说，解释一切是个麻烦，也会让这件事显得不可回转。我和小叶都相信这件事，坏消息没有被说出口，就没有真正发生，就像过去几年，我们从来没有跟任何人说过，婚姻生活有了问题，我们连对方都没有说过，因为谈论意味着确认。

没有人知道她今天手术，除了林夏，她不认识小叶，她是我的……情人。汤渐渐凉下来，肉片的腥味变得明确，我想另外寻找一个词语来定义我们的关系，但没有找到，我寻找不到词语否认这件事，林夏是我的情人。我的妻子正在做左乳房切除手术,而唯一一个对她表达关切的人,是我的情人。

飞机上我睡了一觉,醒过来一边看机载电视里的《老友记》,一边又浏览了一遍赫赛汀的资料。

赫赛汀(注射用曲妥珠单抗),适应症为转移性乳腺癌:本品适用于HER2过度表达的转移性乳腺癌:作为单一药物治疗已接受过一个或多个化疗方案的转移性乳腺癌;与紫杉醇或者多西他赛联合,用于未接受化疗的转移性乳腺癌患者。乳腺癌辅助治疗:本品单药适用于接受了手术、含蒽环类抗生素辅助化疗和放疗(如果适用)后的HER2过度表达乳腺癌的辅助治疗。

这段话我读过多遍,每个令人费解的词都搜过维基百科,但组合在一起还是令人费解。总之这是小叶需要用的药物,一年40万,不纳入医保,我们拿得出第一年的40万,但万一还需要一年,就得借钱。我们都不想借钱,日本的赫赛汀要便宜三分之一到二分之一,所以我来到东京。我也可以去香港或者印度,但我想来东京。我还可以找人代购,有点麻烦,但并非不能实现,可我想出来几天。从林夏是我的情人,到妻子刚做完手术我却想出来几天,我试图——否认的事情,都——变得不可辩驳。

我住在涩谷东急酒店,林夏坐在大堂沙发上等我,她坐另外一个航班,因为我们需要从不同航站楼出发。林夏穿姜黄色风衣,深灰丝袜,平跟绑带黑皮鞋,头发乱蓬蓬梳上去,像不知道哪部电影里的汤唯。她化了淡妆,口红很艳,衬得脸色更差。我们有一个月没见,骤然见到,我只觉她比小叶更像病人。林夏只拿了一个黑色手袋,好像她是从通州赶到东二环,我们在日坛公园里那家小王府约会,坐在露台上,开始两个人面对面坐着,后来天色暗了,露台下有人跳广场舞,在喇叭式音响的掩盖下,她坐到我边上来,我们并不敢公开有什么举动,但她喜欢坐在我边上。

我们断断续续也有好多年。最早我们都还在做记者,汶川地震时大家都去绵阳,住同一家宾馆,记者们都住在那里,因为就那家还能上网。晚上十点之后,陆续有交完稿的记者在走廊里招呼饭局,凑够四个人就去楼下吃肥肠锅,我和林夏总是赶上最后一拨。在震区待了十几天,每个人都面目可憎,林夏晒得漆黑,简直看不出五官,又总穿橘红色 T 恤,大概是过来的时候皮肤尚白,她垂死挣扎,在楼下杂货店里买了一支三块钱的口红,颜色非常可怕,印在本就不怎么干净的茶杯沿上。

经历了地震初期见到的尸体、残破和分离,我们都觉劫后余生,胃口极好,人人吃三碗饭,吃完肥肠锅再去找小龙虾，宵夜摊绵绵排开，有小龙虾、香辣蟹、串串香、冷淡杯和烧烤。这个城市以惊人的冷静在恢复原状，起码它试图让我们看起来是这样。有两天说唐家山堰塞湖有险情，绵阳撤离了二十万人，我们都去山上的撤离点采访，很多人带上扑克牌和麻将，没带的就里三层外三层围着看。第二天再去，灼灼烈日下，斗地主的人增加了两倍，因为居委会给每家发了一副扑克。我们回到市区，各自进房间写稿，到了半夜，我听到林夏在走廊里扯着嗓子喊："有没有人打牌啊！"

于是大家打拖拉机，我和林夏一边，开始很顺，后来一直打不过10，眼睁睁看着对手打到鬼，最后一盘输得惨烈，我们只拿了五分。只是消遣，但我们都介意起来，半个月的挫败和愤怒，突然投射到一场牌局中。林夏扔掉牌，点了一支烟，说："妈的，什么屁牌。"女记者都这样，出差时故意显得粗鲁，以防别人觉得她娇气。

我也扔了手里的最后一个梅花8，说："要抽下去抽，这是我房间，别抽得跟烧纸钱似的。"

没人接话，这段时间大家都闻够了纸钱。林夏摁掉那支娇子，说了声"对不起"。我注意到她声音很轻，和平时不一样。我意外发现，我留意到了她平时是什么样。

我们第二天都睡过头，在门口遇到时才意识到大家都走了，我和林夏只好一起去擂鼓镇，三百块包了一辆长安。

车和路都极破,一路地震式颠簸,那条时不时被巨石截断的小路看起来不会有终点,气压越走越低,我们都清晰闻到对方的汗味。林夏那天换了一件崭新的蓝白条纹T恤,我看到鸿星尔克的牌子,肥肠锅边上有一家鸿星尔克,记者们都去那里买换洗衣服。蓝白色很适合林夏,我装作第一次注意到,除开肤色,她算得上好看,哪怕现在汗水让头发和皮肤都显油腻,她还是好看。

我中间接了小叶的电话,她是另外一家报社的文化版编辑,平日都上白班,这段时间也被调来编地震特刊,凌晨四点才能下班回家,醒过来先给我打电话。我们说了几句话,她照例让我注意安全,我则竭力让自己的语气平常,也不知道为什么,我不想让林夏听到我和小叶之间的亲密。

过了一会儿,我为自己的掩饰越发不安,好像这已经意味着背叛和出轨。我对林夏说:"刚才是我老婆给我打电话。"

她点点头:"听出来了,家里人很担心是吧?"

"嗯,你家里人没有每天给你打?"

"我每天晚上给爸妈打。"

这意味着她没有结婚,大概也没有稳定的男友。我不喜欢这个答案,我希望她结了婚,且和我一般婚姻幸福,这样我才能显得正常和正当:一个人在幸福的婚姻生活中,还是会对另一个人生出想法。我拿不准林夏的想法,但我确定她并没有把我看得和别人一样，我们都经历过一些事情，知道很多事情的开始，都源于一点点不一样。

擂鼓镇里搭连绵不断的帐篷，另一边有几架直升机，往返于唐家山和擂鼓镇之间，山上一直说堰塞湖可能溃坝。有人在空地上发盒饭，我们凭记者证一人领了一盒，站在路边吃。菜是莴笋烧肉，混了一点泡酸菜，有一点不合理的香，吃完我们又去领一盒，这场地震好像打开了每个人的每种欲望。相熟的一个军队宣传干部也站在边上，也正在吃第二个盒饭，今天来擂鼓镇的记者不多，大概大家都去了江油，那边有个镇长最近出了名，我们有一搭没一搭说话，他突然问："你们要不要上山？"

我吃完最后一块莴笋："上什么山？"

他指指直升机："唐家山啊，等会儿要送水文局的人上去，装水文自动测报设施，机上还能坐两三个人，你们要不要去？"

为了工作我们当然应该去，但我和林夏都看了看对方。

又过了十秒，他继续说："……不过今晚回不来，你们看这天气。"

乌云死死压下来，狂风卷起砂石，林夏本来扎一个马尾，现在头发被吹散开来，遮住她略显刚硬的脸。谁都可以清晰看到，马上会有一场暴雨，上山的每个人今晚都回不来。

我订了一个标准间，两张一米二单人床，我们进房间后发现没有沙发，就一人占住一张床。我拉开窗帘，窗外是涩谷的十字路口，几百人像军队一样排列整齐，在红灯结束后列队过马路。

我和林夏没有开过房，总是我去她家。她住在通州一个不大好的小区，每天从郎家园坐930回来，下车后要穿过一条狭小巷道，沿途有兰州拉面和成都小吃，并没有下雨，地上却总有泥泞，走五百米才有一家京客隆，小区只有两栋楼，楼下三个巨大的垃圾桶，谈不上绿化。她自己在阳台上放了几盆花，每次去花都不一样，她说，死了就换一批，这边离八里桥市场近，一盆茉莉只卖二十。

我问过林夏，为什么要把房子买在这里。她说："刚来北京就在这里租的房子，后来房东要卖，我正好够首付，就买了。"

还是不懂她为什么买这套房子。客厅采光不好，卫生间极小，露台几乎比客卧还大，除了上床，我们大部分时间坐在露台上，聊天、喝水和抽烟，看京通快速上的车流。过半个小时，我也打车上了京通快速，一次三个小时，一周后再来一次。我没有跟小叶说这三个小时去了哪里，三个小时并不是一个需要解释的时间。

后来我知道，虽然一直处于剧烈变动之中，但林夏不喜欢变动，她艰难地适应了一切，并不想改变，哪怕这一切很糟。很糟的房子,很糟的感情生活。我们没有一直维持关系,中间有几次,她和前男友和好,我们就断了,她和前男友分手,我们又恢复,目前正处于她和前男友的分手期。事情就是这样慢慢拖到了第七年,拖成一片我们自己都无法解释的泥沼。

林夏去洗手间卸了妆,黄着一张脸出来。每次我们断开又续上,中间照例隔大半年,再重见时我都知道她又变了一点,像镜头渐渐虚下去,五官有混沌边界,整个画面一点点变暗,我就这么眼睁睁地,看着她到了三十五岁。

我和二十八岁的林夏一起去唐家山,货运直升机上没有座位,我们都坐地上,一人靠住一纸箱双汇火腿肠。机噪声让人无法交谈,我们大概都松了一口气。直升机在空中盘旋了好一阵才降落,反复掠过北川县城,废墟中升腾白烟,那是有人偷偷回去给家人烧纸钱。

降落后我们也没有交谈,轮流采访水文专家、武警领导以及普通战士,采访中开始下雨,我们就排队领雨衣,披上去继续采访。

四川省水文局专家林一彬说:"现在蓄水已超过 1.6 亿立方米,之前每天都在增加一千万立方米,如果来水继续增加,危险程度就会加剧。"

一位工作人员表示,为解决大型物资难以运达的难题,目前指挥部正在试验便于携带的软体油袋和小型油罐,"一方面在天气恶化时可以让官兵人力背负上去,另一方面也可以低空空投给施工人员。"

武警水电部队政委方跃进介绍,为解决供给问题,大型直升机米-26昨日已用吊装大集装箱的方式运输了大量食品,"米-26今天(29日)一共吊了一个集装箱的食物和三个大型油罐,现在上面的油料可以维持两天,食品也没有问题"。

我把这些一字一句写到笔记本上,她记下的应该也差不多,我们大概都希望采访能一直持续下去,熬过这个必然带来混乱的夜晚。唐家山上没有一棵树,我们各自躲在一块巨石后面和编辑打电话,试图逃避命运和欲望的召唤。但雨终于大到我们只能躲进帐篷,军队给记者专门留了一个帐篷,今天只有我们两个记者,政委咬着火腿肠说:"将就一下,特殊时期,大家不分男女,都是同志。"

同志们没有在那个晚上做爱,这很难操作,防潮睡袋里只能装下一个人,如果离开睡袋,外面很冷,何况震动声和其他音效难以控制。我们应该把这些问题都周密思考过一遍,最后选择了通宵聊天,黑暗和雨声盖住了这件事的伦理与道德,只余下毫无意义的话语,以及从中生出的、毫无道理的快乐。第二天走出帐篷,天已经放晴,有直升机正在低空空投小型油罐,但我忘记了去查实工作人员的名字,那篇稿子我后来没有写出来。

In dealing with life we alway cowardly choose the easiest part

在应该对生活下手的时候,

我们总是懦弱地选择最好下手的那部分

– Li Jingrui

回到绵阳,林夏在半夜两点偷偷溜进我房间,又在下午两点溜回自己房间。九点前后走廊吵了一阵,后来整个宾馆静下来,林夏进来时随手挂上了"请勿打扰"。

我们郑重其事互相保证,就这么一次。然后轮流去洗澡。

林夏的身体完全符合我的想象,进入后我才意识到我为此已经想象多时。做了一次后,她起身拉开窗帘,月光照进来,于是我们又做了一次。她问:"我们说的就一次,是指就这个晚上吧?不是……不是真的就一次吧?"

我说:"嗯,包夜都不算次数。"

其实也就三次。我有点累,这十几天工作强度很大,但第三次我故意拖得很长,猥琐、伤感以及精液味一起在房间里弥漫开来。我略略抬身,看着眼前这个姑娘,我问她:"喂,你今年几岁?"

"二十八啊。"

"看着不像。"

"都说我显小。"

林夏现在还是显小,但实打实看得出上了三十。她往脸上拍爽肤水,问我:"你要不要上来睡一会儿?"

我摇摇头。我很困,但上来睡一会儿意味着先要做一次爱。

她躺下去,把被子盖住头:"那你晚饭再叫我。"断续偷了七年情，两个人渐渐也像夫妻，性对大家都不再重要，但如果没有性，会比夫妻更显尴尬，所以总要有一个人率先睡着。

生活并不是一步走到今天，但当中的逻辑的确让人费解。包夜过后，我们甚至没有加对方的MSN，穿好衣服，两个人交换了名片，那张名片我在回北京的飞机上撕掉，冲进马桶，不知道怎么回事，我记住了林夏的手机号码。

地震第二年，我离开报社，去了一家门户网站做小中层，收入是涨了一点，但并没有多到让我振奋。我去网站只是因为大家都去了，每个人都在焦急地挪动位置，停留原地似乎意味着失败，我才三十一岁，不知道怎么成功，却也没有准备好在任何领域失败。

每日坐班的工作很枯燥，但在家看久了美剧也一样会觉得枯燥。我完全接受了这件事，反正我也没有特别想做的事，我又不可能成为作家、画家、音乐家、科学家，如果一路要命地顺遂，我大概能当上公司高层，年薪百万，分一些期权，偶尔能上别家门户的财经版。我也憧憬那一天，起码我和小叶能换一套房子。现在的房子在四惠，小区在一号线头上，坐地铁要经过一条错综复杂的小路，如果懒得走，可以坐十块钱的黑车或者五块钱的蹦蹦。我们都想住在朝阳公园边上，晚上去蓝色港湾散步，坐在湖边喝杯啤酒——那种我们想象中更为正宗的中产阶级生活,早餐吃711的包子而非老家肉饼,不需要坐黑车和蹦蹦,出地铁可以沿着一条有树的路,步行回家。

公司每天在国贸有班车开往中关村,我总准时赶上,四环永远堵车,我能在车上舒舒服服睡一觉。往返班车渐渐成为我最喜欢的地方,它把我困在当下,耽误上班,延迟回家,手机电池耗尽接不到电话,二十封邮件没有及时回复,一切都不能归咎于我。那辆车缓慢而准确地带领我,往未来去,那个时候,我对未来并无其他想象。

我只管十个人,却忽然变得重要,总有企业公关请我参加活动,签到之后,能领到一个纸袋,里面有现金信封、礼品和材料,有一些人会领完纸袋就走,我稍有节操,总坐到最后。生活有些变化,但这种变化太容易适应,毕竟多了不少零花钱,我拿这些钱买了更好的西服、领带和皮鞋,我甚至用上了男士香水和面霜,人生是这样顺理成章往前流动,直到有一天,递给我纸袋的人是林夏。

她白了起码三层,化没有眼影的淡妆,穿黑色小礼服裙,细跟鞋,头发似卷非卷,拨在一边肩膀上。当然比在绵阳时美,但我不认识她,我也希望她不认识我,我从来没有这么不想从一个人手里接过装着红包的纸袋。然而我们都是专业人士,得走完这套流程——签到,写上身份证号码(为防冒领),交换名片——这个场景让我比和她做爱时更觉赤裸，我们此时都失去了遮蔽。我想到在唐家山的帐篷里，两个人聊的话题，是彼此最喜欢的导演。林夏喜欢小津安二郎，我没看过，沉默中想寻找一个更拗口的名字，但只能想到李安。李安很好，李安永远是一个得体的答案，就像聊到俄罗斯文学，我们只需要说，我喜欢普希金。

我们又一次交换了名片，这次我没撕掉。过了几天，我给林夏打电话，没有借助名片，我背出了她的号码。

我为什么要给林夏打电话？我和小叶的婚姻那时还没有问题，大部分时间我坐班车转地铁，七点半总能到家，下地铁就给小叶打电话，她开始炒绿叶菜。晚餐总是一荤一素一汤，小叶的剁椒鱼头在朋友中是有名的，有时候我们两个人吃一份三斤鱼头，可以任性地只吃好的部位，两块腮边肉小叶都夹给我，我则为她从汤中翻出鱼泡。

我为什么给林夏打电话？不知道为什么。毫无理由的冲动。就像肝部长了肿瘤，我却一狠心，把好端端的胃切了三分之一。在应该对生活下手的时候，我们总是懦弱地选择最好下手的那部分。

电话那边林夏犹豫了一会儿，还是答应来和我吃饭，后来我才知道，那段时间她和前男友又分手了。

我们在荷花市场那条美食街来回走了两次，最后选中一家江浙饭馆，露台有一块没有被灯光覆盖，又能看到一角水面，残荷留梗，样子俗艳的舫船慢慢开过，船头亮着红灯笼。秋天快到尽头,长时间坐在户外会冷,但我们宁愿裹紧外套。

一人吃了几个醉血蛤,我终于开口说话:"你怎么也离开报社了?"

"大家不是都走了……你不也是。"

"但我还是在做新闻,只是换了个平台。"

"你是男人啊……都是这样的,男记者去网站当领导,女记者去企业做公关。"林夏满不在乎地喝了小半杯啤酒,我知道她并不是不在乎。

她喜欢做记者,地震时一天写三个版,我已经回到北京,她又待了一周,写了两篇特稿。和林夏上床后,有大半年时间,我每天看她工作的报纸。2008年年底,她有篇报道得了一个网站评选的小奖,我反复点进那个页面,看一眼她的照片又关掉。她穿牛仔裤和蓝白色条纹T恤,手里拿一份盒饭,那是在擂鼓镇我用手机给她拍的,拍得不好,完全糊掉,但看得到背景是我们坐去唐家山的那架直升机。

"说是都这么说,但是……但是好像有点可惜?你以前做得那么好,你应该去杂志,真正做深度报道。"

林夏低头又喝了一会儿酒,才说:"本来我是要去的,有几家杂志找过我,但是……但是他们都说,女记者这么做下去总不是办法,我都要三十了……他们都说,我换地方也写不了几年……"

我不知道他们是谁,但我完全熟悉这种语调。他们都说,女记者这么做下去总不是办法,男记者一直做记者总不是办法。他们都说,应该转型,应该顺应时代。

时代意味着变动,意味着你有能力变动。

风真的冷起来,林夏又点了热黄酒。话语渐渐增多,我和林夏都意识到,我们是同一种人,那种看起来一路顺流而上、事实上失却真正勇气的人。我们本来只是在极尽无聊中想再偷一次情,但谁能猜到呢,性不过是最让人信服的理由,我们最后成了朋友。

林夏睡过去后,我出门见人。赫赛汀是处方药,我在网上找到一个人,允诺能帮我买到药,收五万日元,我不知道他用了什么办法,但中国人总有中国人的办法。

我们就约在涩谷车站的忠犬八公像。出酒店我找了一会儿,那只狗比我想象中要小,蹲在人群中。不远是抽烟处,挤不进去的人在门口匆匆抽两口。对面有一个不知所起的绿皮火车厢,敞开车门,我约的那个人——网名叫"林老板"——就坐在车里刷手机,边上坐着几个老太太,她们看起来也没有等人,就是打扮妥当,化着浓妆,坐在那里。

林老板不会超过二十五岁,染了黄发,戴三个耳钉,却和日本人一样见面就鞠躬,客客气气叫我"方先生"。他已经拿到了处方(我并没有关心用什么办法),带我去池袋一家药房拿药,"涩谷也有,但池袋那边是中国人开的。"他说。

池袋给人一种无秩序的安全感,尚未走出地铁口,已经有人大声使用手机,地面明明没有垃圾,却让人觉得脏。我们经过一家极小的中华物产店,门口有一盒盒凉菜,路过时我迅速看了一眼,似乎有鸭脖子和猪耳朵。

药房里沉默地坐着不少人,林老板说:"都是中国过来的,和你情况差不多。"有人边上垒着几个纸箱,看起来要赶去机场。电饭煲、马桶盖,大概箱子里还有药妆,林老板又说:"很多人这样,来都来了,顺便买点回去。"

我也开始思考应该买点什么,说得没错,来都来了。也许可以给小叶买几套雪肌精?我只记得这个牌子。大学刚毕业,我们在南四环租了一个小房子,小叶那时候是见习记者,要跑突发,出入各类跳楼、车祸以及火灾场所。有一次有人说要跳北京饭店,她和摄影记者站在长安街上等了两个小时,"中间我想办法去买了一把伞。"小叶说,但那个人后来坐电梯下来了。她晒得很黑,做爱时坚持要关灯,说白回来再给我细看,"等转正了我就去买两瓶雪肌精",我都快射了,小叶还在想这件事。

我忘记她后来有没有用雪肌精,也许她用了更好的牌子。转正后小叶做了文化编辑,一直做到现在,很少去户外,她又变得太白。小叶是我们身边唯一一个十年没有换工作的人，挣得不多，圈内也没什么人知道她，奇怪的是，她从来不给人失败感。每天早上她洗澡吹头发，精神抖擞挤一号线上班，晚上又精神抖擞挤一号线回家给我做饭，晚上她读书、看美剧、敷面膜、写博客。我从来不知道她的博客地址，小叶说，我们不需要事事告诉对方，我同意，所以我没有告诉她有林夏这回事。这两年我们不大以夫妻的方式相处，隔着距离，我对小叶有一种莫名的敬重，因为她对生活从无怨气，而我们，我们都是有的，有时候看起来是积极上进，其实不过是怨气。

林老板替我取了号，前面有 20 个人。我们出门去抽烟，马路对面有中年女人拉住人叨叨传教，从"神爱世人"到"赦免你的罪"，我听到她拉住一个男人许久，说："就是你们的头发也都被数过了。不要惧怕，你们比许多麻雀还贵重。"但那个男人几乎秃了顶。

一支烟可以很长，我和林老板居然聊了起来。

"做这个能挣到钱吗？"

"还可以吧，国内得癌症的人挺多的……这两年越来越多。"

"所以你没有别的工作？"

"没有，我还在读书。"

"哪个学校？"

"东大。"

我吃了一惊,但直接表达吃惊好像不礼貌,只好问他:"你学什么?"

"日本文学。"

"研究生?"

"博士。"

话题在这里断了,聊天的方向出现混乱,我不知道和一个代购癌症药且网名叫林老板的人说什么,我也不知道和一个日本文学博士说什么。日本文学,我只读过两本村上春树和东野圭吾,以前刚和小叶恋爱,我也给她写信,因为并没有什么话想写,只能抄书,"迷失的人迷失了,相逢的人会再相逢",小叶说,那本书不怎么吉利。和林夏第二次上床后,她去洗澡,我穿戴整齐坐沙发上,好像初来乍到,正在等主人给我倒水,茶几上摆着一本《挪威的森林》。后来我渐渐发现,林夏的艺术修养大概和我差不多,她的确看过小津安二郎,但也就看了那么两部,《东京物语》和《秋刀鱼之味》。她跟我一样,认为自己应当对人生有点野心,却并未找到野心的指向,我们在一起,上床之余总是聊圈内动态,谁去了哪里拿到什么职务,谁辞职创业,现在已经拿到第几轮风投,我们不停给对方分享资讯,好像这样就可以让自己的焦虑离家出走,其实两个人的焦虑都加倍。我们还是每周见一面,有时候做爱非常慌张,因为大家都着急回邮件。

去年林夏又辞了职,现在在阿里巴巴刚收购的一家小公司做公关总监,而我加入了一个创业公司,名片上印着"联合创始人",CEO是我在网站的领导。我们公司半年中换了四个项目,分别是上门做美容的APP、上门做饭的APP、上门修煤气灶热水器的APP以及白事一条龙APP,我们都盼着某一个项目会被马云看中。有一次报社的老同事吃饭,发现在场的人中有四分之三的人的大老板变成了马云,剩下四分之一正在争取把大老板变成马云,比如我。

赫赛汀拿到了,整整齐齐一排白底绿字纸盒,装在一个巨大塑料袋里。我和林老板在地铁口分别,"还得去学校见导师。"他说,把我给的五万日元现金放进钱包里。我又去那家中华物产店看了看,买了一盒卤猪尾巴,附一包辣椒面,林夏应该醒了,我们可以啃着猪尾巴,把那些要说的话说完。

"你老婆知道我们的事吗?"林夏问我,挑了一截肥肉较少的猪尾巴,蘸上大量辣椒面。

这句话她问过好几次,第一年、第三年、第五年、第六和第七年。

开始我很确定,"不知道",后来我也变得疑惑。小叶非常聪明,我们一起做门萨智商测试,她有135,我是121,据说超过140就是天才,"那五分跨不过去的,"小叶说,

"我们都是普通人，一进入普通人的大分类，这十几分没什么区别，真的，可能就是背单词速度要快一点，哦，也可能是看悬疑片比较早猜出凶手。"我没有见过哪个智商135的人，比小叶更坦然接受普通人这一身份，智商121而不甘于此的人我却认识很多。不是说我羡慕小叶的人生，前面说了，我只是敬重她，再给我两百次机会，我还是会试试看能不能往上走，我知道成功的几率不高，但除此之外，我找不到人生有第二条路值得一走。我非常焦虑，但小叶，我也不觉得她有多快乐，她只是让平静成为惯性，她的平静渐渐吞掉她，开始她不想选择，后来她失去了选择。

这两年，我几次认真想过小叶知道些什么，一个看《第六感》半个小时就看出主角已经死去的人，是不是真的看不出丈夫有个情人？2011年前后，小叶想过要孩子，问我的意见，"要了也好，反正最后都会要的，不过我们都没有北京户口，以后上学有点麻烦"，这就是我的意见。

小叶没考虑北京户口，她开始算排卵期，期望我在那三四天内认真配合。我刚升了职，从管十个人升为管一百个人，老板要求我三十秒内必须接电话，我就把手机用塑料袋包好，拿进浴室。因为总赶不上班车，我也买了车，有时候在四惠地铁口顺道接上林夏，她的公司在朝外SOHO，我再往中关村走，路上两个人互相关心工作进展，交流哪种褪黑素副作用小，叮嘱对方中午一定要吃饭。

就这样，小叶的排卵期我配合得不好，试了半年也没有怀上，后来她就说，"还是歇一歇吧"，就一直歇下去了，我们再没有讨论过生育问题。

"她是不是其实也有别的人？"这句话林夏也问过几次。她倒没有挑拨离间的意思，我们这种混沌关系里唯一清晰的就是定位：我不会和小叶离婚，林夏不会和我结婚。我们偶尔会替对方分析情感生活，她分析我和小叶，我分析她和前男友，她劝我"小叶挺好的，现在哪里还有这种女孩子，你再不注意她就会被人追走"，我劝她"这个男人不会跟你结婚的，你真的应该跟他彻底断了，真不知道你这些年在搞什么鬼"。

这种劝告当然没有鬼用，林夏这次赶到东京来，是要在第一时间且当面跟我说，前男友又回来了。几年这样下来，我们的分手流程已经趋于固定，我说："哦，那我们明天去吃顿饭。"

至于小叶有没有别的人，"有可能，不然她这几年怎么过的？"辣椒面有后劲，我用半瓶冰淇淋才勉强压下去。

"你就一点不在乎？"

"在乎？……没立场在乎。"

当然在乎。我偷看小叶手机，用她所有用过的网名搜寻她的博客地址。手机上什么都没有，我连存为中国移动的联系人都点进去看了，真的是10086。博客没有找到，有一个疑似,博主大部分写书评影评,隐约有个叫"X"的男人,我就又回头去偷看小叶的手机,把所有X开头的名字号码抄下来,当然我还没有一一打过去,我没有疯到那个地步。我订阅了那个博客,但它渐渐不再更新,大概是挪到微信公众号上,这下我失去了所有线索,社交媒体每更新一次,我就会丢失一批朋友,万万没想到,这次丢的是自己老婆,疑似自己的老婆。

到了今年,在创业的百忙之中,我渐渐在内心确认小叶爱上了别人。有一天小叶让我早点回家,"我们得谈一谈。"电话里她说。小叶已经很久没有给我打过电话,现在谁需要打电话,但声音让一切更加确凿。

我以为她要跟我说离婚,磨蹭到十一点才开车往家走。四环上挤满运煤卡车,堵住出口,我熄了火,打开天窗抽烟,那天有深灰色的雾霾,不开灯根本看不到前方有车。有那么一个瞬间,我盼望后头的车冲上来,终结这一切,但下任何一种决心都是难的,我又打开了双闪。

小叶一直没有睡,坐在沙发上看电视,穿一套深蓝星星睡衣,头发扎马尾,是我熟悉的她。她等我坐下来,关掉电视,握住我的手,又愣了一会儿才说:"你听我说……我得了癌症……乳腺癌,还没有最后确诊,但应该差不多就是这样……不要担心,是第一期的,都说很好治。"

我也愣了一会儿,然后渐渐高兴起来。真的,没有办法寻找到另外的词语,我高兴起来。我把小叶抱过来,说:"没关系,我们明天就去医院……哪个医院?"

那盒猪尾巴吃完了,林夏站起来洗手,她在洗手间里大声说:"你回去要和小叶好好过。"

"好的。"我回答她,水声太响,我又提高了音量,"好的。"

小叶恢复得很好,半年后复查已经没有癌细胞。我的创业在又换了两个项目后宣布失败,现在我替另一家创业公司打工,拿过得去的薪水,和鬼知道什么时候能兑现的期权。我们又开始讨论是不是应该生孩子,但两个人对此都并没有真正的热情,大概我们到了这个阶段,对任何事都没有真正的热情了。

到了八月,在一场暴雨之后,林夏从微信中冒了出来。我开车去了通州,快开到她家楼下的时候我迷路了,这附近又拆又建,我停在一个巨大的工地坑前面。抽支烟再说吧,我想,前头是探照灯的灼灼白光,照出一条并不存在的前路。

就是这样,什么都没有改变,癌没有改变什么,爱也没有。

III 诗 歌

245 不眠书

廖伟棠

The Sleepless Book

我们多少次在梦中静坐以待旦

相爱

相恨或诉诸荒诞

而不远处就是冬天虚构的大海

壁立千仞

不眠书

撰文　廖伟棠

西伯利亚情歌

那些云沉得那么低,像要睡在海的眼皮上
像是太平洋的一串迷梦,她梦见了黑海。

荒芜的岛屿像是沃罗涅日,
阳光摸索着我左肩的骨头像我弃妻的手。

他们突然交出了所有的珠宝,这些云沉得那么低,
他们突然从袖口掏出了上个世纪的雪橇。

他们请求我躺在上面,
躺着唱那首黑色的感恩歌谣。

他们请求我轻吻突然繁盛的岛屿,
那些由死者的胡茬构成的植被。

机翼刮得天空疼痛,这是徒劳的书写,
墨水尚未从焦松里滴出。

我把第一首诗咽进喉咙,因为丢弃了我的妻子,

在那里吹着密封的笛子,只有我听见了。

一湾钻石海,烙成了这少年修士的旧毡袍。
请让我,让她,向安德烈·卢布廖夫

赎回西伯利亚冻掉的耳朵。

2013.12.2
飞机过太平洋读《曼德施塔姆夫人回忆录》

寄阿勒泰

我已经长出第二十根白发了,阿勒泰
等我白发满头的时候,
我想我终于可以配得上你的炽寒
在怒雪中间追逐奔跑的二十声黑鸟。

我的死亡终于可以配得上这寥阔棺椁
阿勒泰,终于可以让陡峭的星光像巨勺
把我强壮的鬼魂从冰河上惊起的马骨中挖出。

然后我将率领我爱过的人们(从死谷唤醒的)
指点那还在熟睡的春天:你们看,要是你们一早看见
阿勒泰,你们就会像新婚的土拨鼠一样照亮我灰萎的田野。

2014.2.8

小观音

车过粤北,烟树蒙昧了晨昏
我不知道这片大地上还有那么多空城
无论是新建的还是已经被遗弃的
两者相像如守着末日余烬的骨肉。

然而一个年幼的观音端坐在枯山的尽头
一任烟树如浊水溪流披面
凡是你建造的你都会看顾它们全部的死灭吗?
沙子被淘光,日子被霸占,但河床因此深广。

弹指,你让金雾丝丝侵进这全密封的车厢
像把一口呼息送进乘客飞升的死亡航班
十二日夜,涡轮空转,泪水如钻石
凿坏了法身——我不知道地球上还有那么多

活着的。火焰。

2014.3.20

夜往杭州火车上

忆夜宴黄公望山居别罗羽兄弟

这恍惚一角终于不是碎片的中国。
也不是故国拼凑的碎片
是北树南移,蛮墨汉纸,隐居的中国。
走到你这里,走到我这里去
换盏的都是摇荡如河山的身躯
咫尺外的富春江里鱼龙寂寞死去。
岁晚杜甫在黄公望的落木中与异代兄弟走散
而春天却进步,席卷了萧条的大省。
当我们醉掉,我们在此涸溪畅泳,如排竹耸起无数鬼脸。
当我们拥抱,是静夜花如雪,战马轻移疾蹄归营。

2014.3.30
凌晨忆 23 日酒酣诗约急就

雨的轶事

除了一撇一捺的雨

我没有从五月得到什么

就这一撇一捺

在被遗弃的土地上

建起了足够的囚笼

关满了求仁得仁的

一顿一挫

在雨里眺望大屿山群峰

虽不高但有着高原的明雾

显示某处已经晴朗

某处依旧集结着凶暴。

在雨中他写下万国志：

"为什么有英雄的地方

亦有百倍的愚氓？"

在雨里眺望大屿山

渐渐转暗

行山人在山反侧的地方迷路。

但路,提着灯远远走来
远远地用闪电
向被雨割得遍体鳞伤的人
打了一个又一个招呼。

        2014.5.10

论沉默

人类因为在烤熟的食物里吃到了火,才获得了说话的能力
还是因为人类说出了"火"字,才不再吞咽鲜血?

舌头因为获救而被管辖,还是因为被管辖而获救?
那个擦枪的人却用笔在一座山中挖出了阿修罗的冬眠。

在他行动之前他已经说话,他的说话就是一场行动;
他的行动,则是寻找说话的弱声器。

即使锁舌不说话,也是为了开启而不是锁;
他想暗杀沉默,一支装了弱声器的手枪无疑更完美。

即使在写下"千军万马"或者"炸裂"时他仍是寂静的,
只有他的键盘在含枚疾走,或者,如煤暗燃。

等待唯一的钥匙喀嚓一声擦亮。

2014.8.10

小舞者

最神奇的是,这个城市在渐冻症中
而你在跳舞
像酸母寺的老和尚,在跳舞
你向左向右拉伸双手,拉起一对
蝙蝠翅膀——属于这个城市的。
当它倾侧,你使它滑翔
当它翻滚,你的小肌肉为它输入一套
纯熟的规避动作。当流弹纷飞
刮过翼尖,你的每一根羽毛都感受到了节奏
你知道它的警钟、伤员、废墟和宵禁的余火
窗帘背后那些继续相爱的人
都在跳舞,把即将被核子风暴抽空的城市
跳成曼陀罗的一瓣。
你踮起脚跟,一个岛屿不断成形
你扭动腰身,海面的雷电寂静
你是个孩子,三岁的树,不认识任何匍匐的事物。

2014.9.25

不眠书

我们多少次在梦中静坐以待旦
相爱、相恨或诉诸荒诞
而不远处就是冬天虚构的大海,壁立千仞。

而身边,一梦之隔,是一座城市的死亡
我们在它的丧礼中奔走相告婴儿诞生的消息
在凌晨的雾里以胎衣的血为认。

这个做梦的木匠并没有睡去
当他起来备马,天使感谢他的不眠,感谢
他怀抱不结果的紫荆彻夜屹立,如真正的父亲。

2014.11.27

书评

259 爱欲与哀矜

张定浩

Eros and Compassion

275 神秘主义入门

孔亚雷

The Guide to Mysticism

289 字的主人

邹波

Master of the Word

301 伊斯坦布尔的忧愁

马云华

Istanbul, the City of Hüzün

313 全球书情

吴瑶

New Books around the World

在这个充满苦难的世界上想要得到幸福,这是多么荒谬的想法啊。

爱欲与哀矜

撰文　张定浩

[一]

"对小说作者来说,如何开始常常比如何结尾更难把握。"在《刚果日记》的某处注脚中,格雷厄姆·格林(Graham Greene)说道,他那时正深入黑非洲的中心,试图为一部意念中的小说寻找自己尚一无所知的人物,"如果一篇小说开头开错了,也许后来就根本写不下去了。我记得我至少有三部书没有写完,至少其中一部是因为开头开得不好。所以在跳进水里去以前,我总是踌躇再三"。

小说家踌躇于开始,而小说读者则更多踌躇于重读。面对无穷无尽的作品,小说读者有时候会像一个疲于奔命的旅行家,对他们而言,最大的困难在于重返某处,在于何时有机会和勇气第二次踏入同一条河流。我有时怀念那些活在19世纪和20世纪初的度假客,他们像候鸟一样,一年一度地来到同一个风景胜地,来到同一座酒店,享受同一位侍者的服务，外面光阴流转，这里却一如既往，令孩童厌倦，却令成年人感受到一丝微小的幸福。列维·施特劳斯，一位憎恶旅行的人类学家，他在马托格罗索西部的高原上面行走，一连好几个礼拜萦绕在他脑际的，却不是眼前那些一生都不会有机会第二次见到的景物，而是一段肖邦的曲调，钢琴练习曲第三号，一段似乎已被艺术史遗弃的、肖邦最枯燥乏味的次要作品，它已被记忆篡改，却又在此刻的荒野上将他缠绕。他旋即感受到某种创造的冲动。

[二]

因为现代意义上的艺术创造，很大程度上并非起于旷野，而是起于废墟，起于那些拼命逃避废墟的人在某个时刻不由自主的、回顾式的爱。

格林自然擅于逃避，他的第二本自传就名为《逃避之路》。他从英伦三岛逃至世界各地，从长篇小说逃至短篇小说，又从小说逃至电影剧本和剧评，他从婚姻和爱中逃避，从教会中逃避，某些时刻，他从生活逃向梦，甚至，打算从生逃向死。他在自传前言中引用奥登："人类需要逃避，就像他们需要食物和酣睡一样。"但我想，他一定也读过奥登的另外一节诗句：

但愿我，虽然跟他们一样
由爱若斯和尘土构成，
被同样的消极
和绝望围困，能呈上
一柱肯定的火焰。

（奥登《1939 年 9 月 1 日》）

因为他又说，"写作是一种治疗方式；有时我在想，所有那些不写作、不作曲或者不绘画的人们是如何设法逃避癫狂、忧郁和恐慌的，这些情绪都是人生固有的"。于是，所有种种他企图逃离之物，竟然在写作中不断得以回返，成为离心力的那个深沉的中心。这些越是逃离就越是强有力呈现出来的来自中心处的火焰，才是格林真正令人动容之处。

[三]

爱若斯，古希腊的爱欲之神，丰盈与贫乏所生的孩子，柏拉图《会饮篇》里的主角，却也是众多杰出的现代作家最为心爱的主题。或者说，写作本身，在其最好的意义上，一直就是一种爱欲的行为，是感受丰盈和贫乏的过程。在写作中，一个人感觉自己身体被掏空，同时又感觉正在被什么新事物所充盈；一个人感觉自己不断地被某种外力引领着向上攀升，同时又似乎随时都在感受坠落般的失重；一个人同时感觉到语言的威力与无力。如同爱欲的感受让地狱、炼狱和天堂同时进入但丁的心灵，作为一种共时性的强力图景，而《神曲》的写作，只是日后一点点将它们辨析并呈现的征程。

格林当然也有类似的共时性经验。他指认《布莱顿棒糖》(*Brighton Rock*, 1938)是关于一个人如何走向地狱的，《权力与荣耀》(*The Power and the Glory*, 1940)讲述一个人升向天堂，而《问题的核心》(*The Heart of the Matter*, 1948)则呈现一个人在炼狱中的道路。这三部小说构成了格林最具盛名的天主教小说的整体图景，它们关乎爱欲的丧失、获得与挣扎。在一个好的作家心里，这些丧失、获得与挣扎总是同时存在的，不管他此刻身处哪一个阶段，至少，他总会设想它们是同时存在的。

更何况，这种爱欲体验在格林那里，是始终和宗教体验结合在一起的。他笔下的诸多主人公，均怀着对天国的强烈不信任以及对永世惩罚同等程度的恐惧在世间行走，换句话说，也就是在炼狱中行走。《问题的核心》中，那位殖民地副专员斯考比受命去接收一队遭遇海难的旅客，一些人已经救过来，另一些人，包括一个小女孩还活着却即将死去。斯考比走在星光下，又想起之前刚刚自杀的一位年轻同事,他想,"在这个充满苦难的世界上想要得到幸福,这是多么荒谬的想法啊","指给我看一个幸福的人,我就会指给你看自私、邪恶,或者是懵然无知"。

走到招待所外边,他又停住了脚步。如果一个人不知道底细,室内的灯光会给人一种平和、宁静的印象,正像在这样一个万里无云的夜晚,天上的星辰也给人一种遥远、安全和自由的感觉一样。但是,他不禁自己问自己说:一个人会不会也对这些星球感到悲悯,如果他知道了真相,如果他走到了人们称之为问题的核心的时候?

[四]

相对于自私和邪恶,格林更憎厌懵然无知。在《一个自行发完病毒的病例》(*A Burnt-Out Case*,1960)里,那位弃绝一切的奎里面对某种天真的指谓惊叫道:"上帝保佑,可千万别叫我们和天真打交道了。老奸巨猾的人起码还知道他自己在干什么。"天真者看似可爱,实则可耻,他们在不知不觉中造成伤害,却既不用受到法律惩罚,也没有所谓良知或地狱审判之煎熬,你甚至都没有借口去恨他们。"天真的人就是天真,你无力苛责天真,天真永远无罪,你只能设法控制它,或者除掉它。天真无知是一种精神失常。"格林只写过一个这样的天真无知者,那就是《文静的美国

Art

creation in modern terms does not rise from the wild, but from the ruins, from the love of those who once ran from it but can't help to look back at some point.

现代意义上的艺术创造，很大程度上并非起于旷野，而是起于废墟，起于那些拼命逃避废墟的人在某个时刻不由自主的、回顾式的爱。

— Zhang Dinghao

人》(*The Quiet American*,1955)里面的美国人派尔,他被书本蛊惑,怀着美好信念来到越南参与培植所谓"第三势力",造成大量平民的伤亡却无动于衷,那个颓废自私的英国老记者福勒对此不堪忍受,在目睹又一个无辜婴孩死于派尔提供的炸弹之后,终于下决心设法除掉了他。怀疑的经验暂时消灭了信仰的天真,却也不觉得有什么胜利的喜悦,只觉得惨然。

格林喜欢引用罗伯特·勃朗宁(Robert Browning)《布娄格拉姆主教》中的诗句:

我们不信上帝所换来的
只是信仰多元化的怀疑生涯

另外还有一段,格林愿意拿来作为其全部创作的题词:

我们的兴趣在事物危险的一端,
诚实的盗贼,软心肠的杀人犯,
迷信、偏执的无神论者……

在事物危险的一端,也就是习见与概念濒临崩溃的地方,蕴藏着现代小说的核心。

[五]

从亨利·詹姆斯（Henry James）那里，格林理解到限制视点的重要。这种重要，不仅是小说叙事技术上的，更关乎认知的伦理。当小说书写者将叙事有意识地从某一个人物的视点转向另一个人物视点之际，他也将同时意识到自己此刻只是众多人物中的一员；当小说书写者把自己努力藏在固定机位的摄像机背后观看全景，他一定也会意识到，此刻这个场景里的所有人也都在注意着这台摄像机。在这其中，有一种上帝退位之后的平等和随之而来的多中心并存。现代小说诞生于中世纪神学的废墟，现代小说书写者不能忍受上帝的绝对权威，因为在上帝眼里，世人都是面目相似的、注定只得被摆布和被怜悯的虫豸。但凡哪里有企图篡夺上帝之权柄的小说家，哪里就会生产出一群虫豸般的小说人物，他们，不，是它们，和实际存在的人类生活毫无关系。

因为意识到视点的局限，意识到一个人不可能完全掌握有关另外一个人的全部细节，小说人物才得以摆脱生活表象和时代象征的束缚，从小说中自行生长成形。格林曾引用亨利·詹姆斯的一段话："一位有足够才智的年轻女子要写一部有关王室卫队的小说的话，只需从卫队某个军营的食堂窗前走过，向里张望一下就行了。"唯有意识到我们共同经验的那一小块生活交集对于小说并无权威,个人生活的全部可能性才得以在小说中自由释放。

指给我看一个自以为知晓他人生活的小说家,我就会指给你看自私、邪恶,或者是懵然无知。

［六］

"一个人会不会也对这些星球感到悲悯,如果他知道了真相,如果他走到了人们称之为问题的核心的时候?"

换成中国的文字,那就是:"上失其道,民散久矣。如得其情,则哀矜而勿喜。"

格林的主人公,几乎都是早早就"知道了真相"、已"得其情"的人,用唐诺的话说,格林的小说是"没有傻瓜的小说"。很多初写小说的人,会装傻,会把真相和实情作为一部小说的终点,作为一个百般遮掩最后才舍得抛出的旨在博取惊叹和掌声的包袱,格林并不屑于此。他像每一个优异的写作者所做的那样,每每从他人视为终点的地方起步,目睹真相实情之后的悲悯和哀矜并不是他企图在曲终时分要达到的奏雅效果,而只是一个又一个要继续活下去的人试图拖拽前行的重担。

"我曾经以为,小说必得在什么地方结束才成,但现在我开始相信,这么多年来,自己的写实主义一直有毛病,因为现在看来，生活中没有什么东西会结束。"他借《恋情的终结》(*The End of the Affair*，1951)中的男主人公、小说家莫里斯之口说道。这样的认识，遂使得《恋情的终结》成为一部在小说叙事上极为疯狂以至于抵达某种骇人的严峻的小说，而不仅仅是一部所谓的讲述偷情的杰作。在女主人公萨拉患肺炎死去之后，萨拉的丈夫亨利旋即给他的情敌莫里斯打电话告知，并邀请他过去喝一杯，两个本应势同水火的男人，被相似的痛苦所覆盖，从而得以彼此慰藉，这自然会让我们想到《包法利夫人》结尾处，包法利医生在艾玛死后遇见罗道耳弗时的场景。但与《包法利夫人》不同的是，《恋情的终结》的故事从此处又向前滑行了六十余页，相当于全书几乎三分之一的篇幅。在这部分篇幅里，我们看到莫里斯和亨利喝酒谈话，商量是火葬还是按照准天主教徒可以施行的土葬，莫里斯参加葬礼，莫里斯遇见萨拉的母亲，莫里斯应邀来到亨利家中居住，莫里斯翻看萨拉的儿时读物，莫里斯和神父交谈……生活一直在可怕和令人战栗地继续，小说并没有因为主人公的死亡而如释重负地结束。

"我是睁着眼睛走进这一场恋爱的，我知道它终有一天会结束。"莫里斯对我们说。

"你不用这么害怕。爱不会终结，不会因为我们彼此不见面。"萨拉对莫里斯说。

无论是地狱、天堂还是炼狱，格林小说中的人物都是睁着眼睛清醒地迈入其中的，这是他们唯一自感骄傲的地方。

[七]

关于爱，格林擅长书写的是某种隐秘的爱。作为一个对神学教义满腹怀疑的天主教徒，格林觉得自己是和乌纳穆诺（Miguel de Unamuno）描写的这样一些人站在一起的，"在这些人身上，因为他们绝望，所以他们否认；于是上帝在他们心中显现，用他们对上帝的否定来确认上帝的存在"。他笔下的男性主人公，都是胸中深藏冰屑的、悲凉彻骨的怀疑论者，他们常常否定爱，不相信上帝，但在某个时刻，因为他们对自我足够的诚实，爱和上帝却都不可阻挡地在他们心中显现。因此，爱之隐秘，在格林这里，就不单单是男女偷情的隐秘（虽然它常常是以这样世俗的面目示人），而更多指向的是某种深处的自我发现，某种启示的突然降临。当然，这种启示和发现，转瞬即逝，是凿木取火般的瞬间，而长存的仍是黑暗。

隐秘的爱，让人在感受欢乐的同时又感受不幸和痛苦，让人在体会到被剥夺一空的时刻又体会到安宁。在《恋情的终结》的扉页上，格林引用严峻狂热的法国天主教作家莱昂·布洛（Léon Bloy）（他也是博尔赫斯深爱的作家）的话作为题辞："人的心里有着尚不存在的地方，痛苦会进入这些地方，以使它们能够存在。"

这些因为痛苦而存在的隐秘之地，是属人的深渊，却也是属神的。它诱惑着格林笔下步履仓皇的主人公们纵身其中。老科恩在歌中唱道："万物皆有裂痕，那是光进来的地方。"

[八]

我还想谈谈充盈在格林长篇小说中的——奇妙的均衡感。

很多篇小说，就拿与格林同族且同样讲求叙事和戏剧性的麦克尤恩（McEwan）的作品来说吧，每每前半部缓慢而迷人，后半部分却忽然飞流直下，变得匆促急迫，以至于草草收场。似乎，在一阵开场白式的迂回之后，作家迫不及待地要奔向某个设想好的结尾，你能感觉到他要把底牌翻给你看的急切，像一个心不在焉要赶时间去下一个赌场的赌徒。

格林就几乎不会如此。这一方面，或者源于他每天固定字数的写作习惯。"每星期写作五天，每天平均写大约五百字……一旦完成了定额，哪怕刚刚写到某个场景的一半，我也会停下笔来……晚上上床，无论多么晚，也要把上午写的东西读一遍。"《恋情的终结》中小说家莫里斯自述的写作习惯，格林在两年后接受《巴黎评论》的访谈时，又几乎原封不动地重说了一遍。这些按照定额从他笔下缓缓流出的文字，遂保有了节奏和气息上的匀称一致。再者，格林的长篇小说无论厚薄，基本都会分成多部，每部再分成多章，进而每章中再分小节，这种层层分割，也有效地保证了小说整体的均衡。

但这些依旧还是皮相，我觉得更为要紧之处可能还在于，如果讲小说都需要有内核的话，在格林的长篇小说中，就从来不是只有一个内核，而是有很多个内核，它们自行碰撞，生长，结合，然后像变形金刚合体，最终构成一个更大的内核。

他的人物，遂在各自的小宇宙里，从容不迫地交谈，他们就在他们所在的世界里痛苦或欢乐，对一切专职承载主题或意义的面容苍白的文学人物报之以嗤笑。

[九]

也许我们最后还应该谈谈幸福。

格林并不反对幸福，他反对的是基于无知的幸福以及对幸福的执着。已婚的斯考比感受到幸福顶点的时刻，仅仅是他准备敲开年轻的孀妇海伦门扉的那一刻,"黑暗中,只身一人,既没有爱,也没有怜悯"。

因为爱旋即意味着失控,而怜悯意味着责任。这两者,都是人类所不堪忍受的。上帝或许便是这种不堪忍受之后的人类发明,祂帮助人类承担了爱和怜悯,也承担了失控和责任,同时也顺带掌控了幸福的权柄,作为交换,祂要求人类给出的,是信。耶稣对多疑的多马说:"你因看见了我才信,那没有看见就信的有福了。"格林像多马一样,并没有弃绝信仰,他只是怀疑和嫉妒这种为了幸福而轻率达成交易的、蒙目的信徒,就像《权力与荣耀》里的威士忌神父怀疑和嫉妒那些在告解后迅速自觉已经清白无罪的教徒,但反过来,他同样也难以遏制地爱他们中的每一个人,并怜悯他们。"比较起来,不恨比不爱要容易得多。"

"爱是深植于人内部的,虽然对有些人来说像盲肠一样没有用。"在《一个自行发完病毒的病例》中,无神论者柯林医生对那位自以为无法再爱的奎里说。

在福音书应许的幸福和此世艰难而主动的爱和怜悯之间,格林选择后者,这也会是大多数旨在书写人类生活的好小说家的选择。幸福不该是悬在终点处的奖赏,它只是道路中偶然乍现的光亮。构成一种健全人性的,不是幸福,而是爱欲与哀矜的持久能力。在敲开海伦的门并愉快地闲聊许久之后，斯考比"离开了这里，心里感到非常、非常幸福，但是他却没有把这个夜晚当作幸福记在心里，正像他没有把在黑暗中只身走在雨地里当作幸福留在记忆中一样"。

这些波兰人甚至会表示自己没有资格成为一个真正的神秘主义者,因为即使对于神秘本身——他们也同样是不确定的。他们顶多算得上一个神秘主义的入门者。事实上,他们的意思是——虽然他们不愿直说——我们,我们这个世界,顶多也只能是个入门者。

神秘主义入门

撰文　孔亚雷

书评 □ 神秘主义入门

当诗人写起散文，结果常常令人惊讶——令人惊讶地好读。它们似乎天生就有一种优雅的放松（想象一名拳击手度假时卷入一场群殴）：漫无目的，却又极为精确；充满信息量（地点、人名、书名、音乐名、引文），并不时闪耀出神秘而美妙的格言和警句。这样的例子有：布罗茨基、奥登、米沃什。现在我们可以再加上一个名字：亚当·扎加耶夫斯基（Adam Zagajewski）。扎加耶夫斯基是谁？也许我们可以试着用他的一首诗——《自画像》，来回答这个问题。

在电脑，铅笔，打字机之间
半日过去。有一天半个世纪也会过去。
我生活于陌生的城市，有时和陌生的人
就我陌生的事情聊上几句。
我听大量的音乐：巴赫，马勒，肖邦，肖斯塔科维奇。

我看到音乐里的三种元素：脆弱，力量，和疼痛。
第四种没有名字。
我阅读诗人，活着的和死去的，他们教给我
固执，忠实，和骄傲。我试图理解
那些伟大的哲学家——通常却只是抓住了
那些精致思想的碎片。
我喜欢在巴黎的街上作漫长的散步
看着我的同类生物，为嫉妒，
愤怒，欲望而跃跃欲试；追踪一枚银币
从一只手传到另一只手，逐渐
失去它的圆形（皇帝的侧面像被磨损）。
在我身边，众树什么也不表达
除了一种绿色，漠不关心的完美。
黑色的鸟在田间踱步，
耐心等待仿佛西班牙寡妇。
我已不再年轻，但总有人比我更老。
当我停止存在，我喜欢深深的睡眠，
喜欢在乡间，把自行车骑得飞快，看房屋和白杨
像积云，在晴天消散。
有时候我置身博物馆，那些画开口对我讲话
嘲讽，突然间无影无踪。
我爱凝视我妻子的脸。

> 每个星期天我给父亲一次电话,
> 每隔一个星期我和朋友们见一次,
> 以此证明我的忠诚。
> 我的国家从一种邪恶里自新。我盼望
> 另一次解放接踵而至。
> 对此,我能有所作为吗?我不知道。
> 我真的不是这大洋的孩子,
> 如安东尼奥·马查多写他自己,
> 而是空气,薄荷和大提琴的孩子,
> 而这高尚世界所有的道路
> 并非都与迄今属于我的生活
> 交叉而过。

很显然,这是一首好诗(我经常情不自禁地重读它),但并不适合回答"扎加耶夫斯基是谁?"这个问题。也许正因如此,它才是一首好诗。就像扎加耶夫斯基在一篇散文里所说的,"在诗里,我们期待着诗"。我们不应该期待一首诗回答某个问题——任何问题。尽管如此,如果我们将一些扁平的信息与这首《自画像》相结合,还是可以得出一个更立体的扎加耶夫斯基。这些信息包括:他1945年出生在当时属于波兰、现属乌克兰的古城利沃夫;他年轻时曾是个激进派,无论在政治上还是在文学上,但现在年届七旬的他,更倾向于与这个世界(以及上帝)和解;他可谓某种"主动意义"上的流亡作家,一位国际公民,曾常年生活工作在德、法、美等国——但不管在哪里,他都用波兰语写作;他的主要身份是诗人,但他的散文随笔同样广受推崇(苏珊·桑塔格在一篇长书评中称他的散文令人感到"势不可挡的慰藉"),而最终让他进入大众视野的,是《纽约客》杂志在"9.11"事件后刊发的他的一首诗:《试着赞美这遭损毁的世界》。

试着赞美这遭损毁的世界(赞美这遭损毁的世界吧……/以及重重迷失、消散又返回的/柔和之光),这也许不是扎加耶夫斯基最好的诗,但无疑是他最好的标题(之一)。同时它也让人想起几首别的名诗,比如米沃什的《礼物》(如此幸福的一天/……我知道没有一个人值得我羡慕/任何我曾遭受的不幸,我都已忘记),或者辛波斯卡的《种种可能》(我偏爱我对人群的喜欢/胜过我对人类的爱……我偏爱写诗的荒谬/甚于不写诗的荒谬)。我们不难发现这三首诗有几个共同点。它们都来自同一个国家,一个"地理小国"和"诗歌大国":波兰。它们都充满了对现代诗而言——更不用说后现代了——极其"危险"(庸俗)的大词:赞美。幸福。不幸。荒谬。人类。爱。奇特的是,在它们这里,这些"大词"都显得如此自然、妥帖,毫不造作,甚至有某种优雅的克制。这是一种偶然吗?还是一种必然?——为什么总是波兰?

在某种程度上,扎加耶夫斯基的这部随笔集《捍卫热情》,可以说是对这个问题的回答。这部集子主要包括两篇点睛的长篇文论,《捍卫热情》和《粗鄙与崇高》,以及对影响作者的几位文学和思想导师的特写,他们分别是尼采、恰普斯基、贝赫特和米沃什。这两篇文论可谓是对一种"波兰式文学观"的精妙阐释,这种文学观的特点是敢于拥抱"热情"与"崇高",但又能免于陷入媚俗与矫饰,而与之相对应的,是当代写作普遍性的"贫乏、苍白和贫血",是"崇高风格的式微,粗鄙、冷淡、反讽、会话体的压倒性优势"。这种文学观——用作者形容贝赫特的话来说——"没有先入为主的偏见,没有关于这个世界的先验的理论。代替教条(的)……(是)一种对于意义的灵活、非受迫性的寻求,就像一个在黎明时穿过意大利小镇的人。"这是个神秘而孤寂的比喻——我们可以想象出那样的画面:黎明时分的意大利小镇,古老的房屋,弯弯曲曲的石头街道,清晨所特有的灰蓝色,远处突然响起的教堂钟声,让你不禁停下脚步……"我感到了所有事物散发的光芒。"扎加耶夫斯基写道。

所有事物散发的光芒——这也许就是波兰人的秘密。为什么我们的当代艺术对诸如"美"、"幸福"、"真理"这样的词会感到如此不安,像对待某种瘟疫般避之不及?"我听说在某些欧洲国家'美'这个词被严格禁止。"扎加耶夫斯基说。因为它们的来源可疑。它们大部分——即使不是全部——都源于幼稚、虚伪、教条和媚俗。而波兰则不同,因为"美,在极权主义国家是一个特殊问题",因为诗人们"来自这样一个国家,在其现代历史上,因为失败远多于胜利而广为人知"。国土和文化都饱经蹂躏和磨难,长期被笼罩在死亡和流落他乡的阴影下,使波兰诗人发现了"美"、"热情"、"崇高"这些词更本质、纯正的源头,那就是"活着"、"生存"——或者更确切地说,存在。"我们已经学会尊重事物因为它们存在。"扎加耶夫斯基写道,"在一个充满疯狂的意识形态和乌托邦废话的时代,事物以其微小却顽强的尊严持续存在。"所以,在波兰人那里,与以"美"为代表的那些大词紧密相连的,不是空洞抽象的口号式概念,而是事物本身细微、具体而奇异的存在,是"所有事物散发的光芒"。这些事物包括:打字机、巴赫、散步、皇帝侧面像被磨掉的一枚硬币、黑鸟和绿树、顾盼、微笑、鹅卵石和星星、高高抬起下巴的少女、飞向高处仿佛纹丝不动的知更鸟、洋葱、玻璃杯、铁轨、白色浴缸、手表的嘀嗒,以及半夜突如而来的清醒。

我们可以想象,这种光芒绝不会是明亮、刺眼和炫目的。它自然而宁静,同时闪烁而神秘,它会让你想起那些以描绘日常事物而著称的荷兰油画大师,比如维米尔

（Johannes Vermeer）和哈默修依（Vilhelm Hammershoi），或者那位孜孜不倦地画些瘦长瓶子的意大利隐士莫兰迪（Giorgio Morandi）。"即使在夜里，物体也在值班"，这是扎加耶夫斯基的一首诗，《乔基奥·莫兰迪》的第一句。当然，还有扎加耶夫斯基的精神偶像，他的波兰同乡（又一个），画家兼作家恰普斯基。对恰普斯基其人其作的特写，《劳作与名声》，是这部随笔集中最精彩的篇章之一。扎加耶夫斯基指出，在恰普斯基那里，"手推车，收拾咖啡馆桌子的侍者，长椅上的怀孕女人——是比总统宫殿更为有趣的视觉艺术题材"。"他以一种野生、间接、惊讶的、无政府的方式，观察巴黎和它的居民。不是《自由引导人民》，而是一个坐在地铁站长椅上的黑人妇女，或者验光等候室里的三个病人"——"视觉是没有等级制的。"扎加耶夫斯基随后总结。

艺术也是——应该是——没有等级的。艺术也应该是无政府主义的。事实上，当初我们之所以需要反讽，正是为了抵制艺术上的等级和专制。而现在呢？正如扎加耶夫斯基所敏锐地察觉到的，反讽正在成为另一种专制。对媚俗的消毒处理正在变成一种新的媚俗（这也许可以解释为什么现在的文学中充斥着一种刺鼻、单调的消毒剂味道）。"有时候在展览馆里画对我说话／反讽会突然消失。"这两句诗几乎是对反讽的一种反讽，它令人感动，并带来奇妙的欣慰和释然。是的，当所有事物都散发出平等的无政府主义光芒时，反讽就会显得多余。在《捍卫热情》中，扎加耶夫斯基进一步明确地宣布，"热情与反讽并非两个对称性的概念。只有热情才是文学建筑的基础材料。反讽当然必不可少，但它只是后来的……它更像门和窗户，没有它们，我们的建筑会是坚实的纪念碑，却不是可以居住的空间。反讽在我们的墙上敲打出非常有用的洞，但是没有墙，它只能穿孔于虚无"。

这种虚无，或者说这种病态的反讽，最大的特征就是无原则地怀疑一切。正如齐奥朗（Emil Cioran）在他日记里所说的，"我每天进入怀疑，就像别人走进办公室"。的确，这种野蛮简陋的"怀疑一切"正在变成一种办公用品，一种转基因的官僚主义。但是，对一切确定观念的质疑、挑战和揭示，难道不正是艺术存在的根本原因？不正是创造性力量的源头活水？对此，扎加耶夫斯基指出，"怀疑"与"不确定"绝不是一回事。怀疑是轻率的，不确定是审慎的。怀疑是残暴的，不确定是悲悯的。怀疑是呆板的，不确定是灵巧的。怀疑是冷的，不确定是暖的。怀疑是无趣的，不确定是幽默的。如果不确定是"一个在黎明时穿过意大利小镇的人"，那么怀疑就是一个端着冲锋枪一边走方阵一边敬礼的纳粹士兵。

在这里，扎加耶夫斯基向我们透露了波兰人的另一个——也许是更为核心的——秘密，那就是"不确定"。仅有"所有事物散发的光芒"是不够的,仅有平等、具体而骄傲的存在是不够的,我们还必须认识到,"我们在这里的存在与我们的信念绝不会获得绝对、永久的认可,不管我们多么渴望它"。这是极权政治赐予波兰诗人们的又一件"礼物":对所谓"绝对真理"的清醒认识。追寻真理是一回事,确认真理又是另一回事。这是一个好奇心的问题。前者让我们永葆好奇心,充满想象力,让我们珍视所有微小而神圣的生存;而后者却让人丧失好奇心和想象力,让人变成血腥的独裁者,盲从的战士,以及麻木不仁的愚民。我们为什么会对"美"、"热情"、"崇高"这样的词——除了一些波兰或波兰式的特例——感到近乎本能的厌恶和恐惧?因为与这些词紧密相连的,是政治化的"确定性",是皇帝新衣般的"绝对真理"。这并不是那些词的错。这是我们的错。是我们用各种成见——反讽是其中之一——污染了这些词(就像菲利普·罗斯〔Philip Roth〕在小说《垂死的肉身》中写的,性本身并没有错,错的是我们对性的看法)。而波兰人则将它们还以本来面目。扎加耶夫斯基反复提醒我们,"不确定与热情并不冲突"——真正的热情,是对这个世界"不确定性"的赞美和展示;同样,平凡与崇高也并不冲突,但那并不是因为平凡借助反讽被崇高化了,而是因为"我们从平凡中感到了也许会出现意外的事件,神秘的、有英雄气概的、超常的事件",因为"平凡就像平静流淌的河流表面，水面上有微妙的水流和漩涡，预示着可能或不可能到来的激流和洪水"。可能或不可能到来的超常事件——这才是"崇高"的本质，而不是那些虚空的政治理想。关于这点，已经不可能比扎加耶夫斯基说得更好："崇高的出现是为了回应最后的事物，"他告诉我们，"它是对神秘、对最高之物的反应……是一种形而上的谦逊，有关幽默，有关如何学着向美与高处的事物敞开。"

"敞开"，显然是"不确定"的另一种说法。只有保持敞开，才能感受到所有事物、所有词语散发的光芒，才能像面对天气一样面对所有可能性，才能既热情又冷静，既崇高又平凡。这也许就是为什么波兰会制造出世界上最迷人的政治诗人——这个头衔不能说不贴切，但显然过于狭隘：因为他们同时也是风景诗人、抒情诗人、哲学诗人和口语诗人。对他们来说，"政治"和"雪"、"面包"、"灰尘"、"蓝衬衫"都是不分等级的一种存在，即使这种存在有时更令人伤感。扎加耶夫斯基对恰普斯基的描述有一种总结性，它同样也适用于其他的波兰人——米沃什、辛波斯卡、贝赫特，或者他自己："这个类型的人一生都有一种感觉，有时是辛酸，但也不排除有一种令人愉快的忧郁，认为神秘包裹着所有最重要的东西——时间、爱、邪恶、美、超越——他们还在，但已经苍老而疲倦——这些都是那么不可理喻，就跟在他们青春年少时一样。"

这句话不仅可以描述"这个类型的人",也可以用来描述这个类型的诗——这些波兰人的诗。它们既散发出青春的活力,又带着某种年老的平静(以及倦意);它们有一种奇妙的、"令人愉快"的忧伤;它们总是让人感到一种淡淡的、理所当然的神秘——神秘不仅包裹着所有最重要的东西,也包裹着所有——至少从表面上看——不重要的东西:鸟鸣、草莓、汽车、指甲的生长、海水的咸味。那么,我们可以说这是一群神秘主义者吗?或者可以说,"神秘",就像"敞开",是"不确定"的又一种说法?我想波兰人会委婉而温柔地表示异议。相对"神秘"这个词,他们更倾向"不确定"所象征的透明和中立。他们甚至会表示自己没有资格成为一个真正的神秘主义者,因为即使对于神秘本身——他们也同样是不确定的。他们顶多算得上一个神秘主义的入门者。事实上,他们的意思是——虽然他们不愿直说——我们,我们这个世界,顶多也只能是个入门者。保持这种入门者的初级状态,以一种幽默的、形而上的谦逊面对万事万物背后那"最后的事物",也许是最清醒最明智的态度。这种态度,在扎加耶夫斯基的另一首诗——也许是他最好的诗之一——《神秘主义入门》中,得到了最微妙而完美的体现:

天气和煦，阳光丰沛。
小咖啡馆露台上的德国人
大腿上托着一本小书。
我看到了书名：
《神秘主义入门》。
忽然间我理解了那些打着尖利的
唿哨巡回于蒙蒂普尔西亚诺
街道之上的燕子，
和来自东欧，所谓中欧的
羞怯的旅人压低的谈话，
和站在稻田里的——昨天？前天？——
仿佛修女似的白鹭，
和拭去那些中世纪建筑轮廓的
平常而缓慢的黄昏，
和任由风吹日晒的
山丘上的橄榄树，
和我在卢浮宫看到并赞赏的
《无名王子》的头，
和传播花粉的
蝴蝶翅膀似的彩绘玻璃窗，
和在公路边练习
演说的小夜莺，

和任何一次旅行、任何一次观光,
都只是神秘主义入门,
初级课程,一场被延期的考试的
前奏。

《捍卫热情》[波兰]亚当·扎加耶夫斯基 著
李以亮 译
《无止境——扎加耶夫斯基诗选》李以亮 译
花城出版社 2015 年 5 月第 1 版

今天，我们压倒一切的阅读量来自网络，来自社交媒体和博客，这种"文字化"具有两面性：一面是启蒙可能在继续，一面是"野蛮"通过文字继续植入人的灵魂。

字的主人

撰文　邹波

无人否认语言起源于自然、口头、天性,但文字的起源却并非同样自然——

1970年代,通过破解苏美尔文化出土的楔形陶币与楔形文字的关系,法裔美国考古学家丹尼丝·施曼特-贝瑟拉(Denise Schmandt-Besserat)推断:人类社会的文字,并非全起源于自然表意需要,比如象形图画,还可能起源于对领土测量和人口数字管理、记账的要求,起源于数字。

威廉·伯恩斯坦(William J.Bernstein)2013年出版的 *Master of the Word*:*How Media Shaped History, From the Alphabet to the Internet*(《字的主人:从字母表到网络——媒体怎样塑造历史》)颇以这一推断为论据,并继续分析人类书写能力蕴含的权力。

作为严谨的经济史学家,伯恩斯坦的推断不乏现成工具:他借用英国进化人类学家罗宾·邓巴(Robin Dumbar)的"邓巴数"(Dunbar's number)解释书写的必要性:

"邓巴数"也称"150定律",认为一个人维持紧密人际关系的人数上限是150,一个苏美尔村庄的人数通常在150上下,超出这个范围,就难以管理,也记不住被管理者的模样,西方文明古老的源头苏美尔人早期的"国王"是无力的,等部落再"进化"些,一个部落领导能管的人也仍不会超过150个,但这150变成次级管理者,每个管理者又管150个公民,以此类推开去。现代社交网络也是如此。

没有文字书写能力的君主只能是这么个百夫长,要延伸统治,必须要靠抽象——书写。

文字书写的经济学特征则是昂贵——需要昂贵的媒介材料,需要受教育,知句读;后来则是,需要获得审批的传播权力和发行能力。起码,知识自古以来被认为是一种绝对优势,书面语则用来保存、固化知识……即权力,如果演讲只是口头说过的话如过眼云烟,如果说过的话不能包含过去的知识,不能包含更久远的事实,就很难为更多数人相信——或者干脆是迷信。

但无论是不是包含迷信,一个简单的道理是:谁把握了书写的能力和权力,谁就把握了管理权、理性的发言权——后来是立法权。当然,对书写的能力和权力的争夺,并非始终官方压倒民间,尽管这样的时辰并不多。

在欧洲产生印刷术的时代,民间基督教异教徒仍艰苦地通过口头传播的方式传教,这是最艰苦徒劳的努力,作者讲这段的口气,犹如某些悲观者在谈如今的纸媒体,而真正有效的民间变革努力,则是率先用起新媒体的马丁·路德——当矿工古登堡在洗矿的溪流边私自发明了印刷术,这玩意让马丁·路德在民间先用上了,路德获得了平民利器,那时印刷术和印刷出版权还远没有变成政府专利。

这基于先进传播手段的民间的先声夺人,导致仍只会抄写的欧洲教廷,无法控制自下而上的宗教改革,这让人联想到互联网发展至今,社交网络技术的民主框架,也已先入为主,似乎谁都已无法重新否决它许多结构化的民主特征。

于是,互联网以其无法否定的结构,入侵、解构着旧体制,与欧洲印刷术被民间知识传播者率先运用异曲同工,但另有一些媒介,既高效又发端于昂贵的器材,比如广播、电视,一开始就成为官方垄断,比如苏联的极权如日中天时对广播的应用。

但苏联解体前夕,渐渐对这些昂贵媒体失去了控制,对戈尔巴乔夫发起的失败政变被认为是后极权体制最好的写照——已不能把握自己喉舌的立场,已出现自相矛盾的言论,已不知道统一思想如何落实在各领域却不违背方针,而切尔诺贝利这样的社会灾难,更是造成了苏联官方媒体和政府之间的内讧,至少是体制内部的裂痕。

正如米歇尔·麦克卢汉(Marshall Mcluhan)将媒体分为热媒体、冷媒体,我们也不妨甄别这些媒介的天性,也许有的媒体靠民主更近,有的离独裁更近——书籍作为更具体更昂贵的媒介在古代政府开始打压民间私刻之后直至今日也是如此——作为对抗,本书中,作者提到路德的同时代人威廉·廷代尔(William Tyndale)的努力:他绕开罗马教廷控制的拉丁文圣经,重新从更古老的语言把《圣经》翻译到英国,促成了英国的新教改革。

《圣经》这本书,却能冲破书的官媒介本性。《圣经》的普及,是和领袖语录的普及不同的——领袖语录是一种事先已固化的经卷,读者对它没有解释权,它的普及只会造成更大的压迫,而《圣经》在欧洲的普及,则意味着对所有人打开了一种多意的源泉。我们难以忘记,从《圣经》里曾产生了多少异端啊。不同于领袖语录,《圣经》的源泉本身可以被不断挑战,其内容也无法成功地被完全规定,于是,当你向更古老的时代寻找理智的支援,总有古代的智者为现在的异端说话。于是,《圣经》这本具体的书,作为媒介,有着天生的民主特质。

但作为人类意念的固化过程——从文字到更物质化的媒介,总的来说,我们也许仍该保持清醒:比如,书面文字只是一种媒介,并不直接代表正义,它只是酷似正义，书写文字到后来变成"铅字崇拜"、对印刷文字的迷信。

书写和印刷，是对过眼云烟的语言的威权化，书面文字，也意味着不用面对面反复辩论一个东西，意味着可以决断，强迫的服从因而产生，也可以是搪塞，可以是官腔，可以是虚伪，可以避免面对面的真诚，可以容纳阴谋、舞弊，可以是下达不容分说的行政命令的最好方法。

关于人类书写文字的历史，这本书让人印象最深的论述是关于古希腊人的民主制度与他们的书写欲的关系。作者论述：经过苏美尔人、埃及人、希伯来人、腓尼基人的传递，古雅典人成为最早、最大范围渴望书写的民族之一。

埃及生产了世界上几乎所有的纸莎草，却没有产生民主，它的书面文字确实是用来管理人民。雅典人广泛的书写热情，却不管媒介是否成熟，就已然到来——古希腊人"最广泛地"在金、银、铜、锅、瓦片、木头、蜡和薄铅片上书写，铅片尤其传递着口信里的诅咒，既对死者，又对生者。继而是羊皮卷、纸莎草等新材料。

雅典公民的"读写扫盲"伴随着古雅典的民主政治变革。公元前7世纪，每年贵族们都选一个执政官。后来，又发展为三个执政官分掌三个部门，处理政治、军事、宗教事务。不久，增加了六个执政官，记录法律官司，且所有官员都不是文盲。这个阶段，官员的"非文盲化"以及政府抽象管理的能力的提升，正如"邓巴数"模型描绘的继续发展。

但这样的"人治"对雅典公民的民主要求仍然不够——每一年，在野的大家族被驱逐到相邻的城市后，会立刻开始谋划反扑归来——如此，驱逐，归来，驱逐，循环往复。到公元前7世纪晚期，雅典人开始有点受够了这种不稳定的政治，开始试图制定一种书面的法律，来摆脱"人治"更迭造成的持久动乱。这样的努力反复两次，都不成功，直到公元前6世纪早期，梭伦改革：通过书面文字制定成文法，使法律逐渐脱离了执政官意志，渐成雅典民主的雏形，它也再不驱逐整个党派，而是驱逐一些个人。

根据书中的梳理，我们不难看出，古雅典似乎有着最矫枉过正的大民主——纳入更多受教育、能读写的公民参与政治，却驱逐最精英的人，通过成文法避免了无休止的党派内战，却集体做出最保守的决定。

雅典的民主，作为西方民主最早的形态，似乎是从最严酷的避免独裁开始的——他们通过最大限度的"非文盲者"的公决，避免任何精英连任，可因一个小过失而中断一个功臣的正常任期。

古雅典逐渐成熟的民主制度下：部落数量从4增加到10，两级议会成立了，每年选举6000人入陪审团。全体集会，4年一开，陪审者要求有读的能力、解释法律的能力、理解条款的能力、遵循议程的能力。

这些都让人联想到现代社会，当基本价值观和正义早有共识的定论时，我们得学习的是公民用好社会公器的能力，读好社会说明书的能力——无论这说明书好不好，起码不似另一种社会：不断不必要地修改正义共识，甚至随意解释正义，反复挑起意识形态之战甚至阶级战争，无辜牺牲许多人的生命。

雅典民族的鼎盛形态是城里这6000名"受过教育"的"能写字"的公民参加的"陶片放逐"[1]，尽管这样的公决不是年年都有，却做出了许多重大的放逐决定。

当然，书面选举导致了政治的进一步抽象化，也如前文所说，更抽象的政治舞弊也因而产生了：在一个考古学发现中，出土的191片陶片，被证明只有15个书写者。人们怀疑这就包含了假票和大家族通过文牍只手遮天，可见有多少文盲混在权力中。

另外一个故事里：一个实际是"文盲"的"非文盲者"，拿陶片到执政者阿里斯提德那里，让他写上阿里斯提德的名字，阿里斯提德很惊讶地问自己做错了什么，那人说：

---

[1] 陶片放逐制是古代雅典城邦的一项政治制度，意为雅典人民可以通过投票强制将某人放逐，目的在于驱逐可能威胁雅典的民主制度的政治人物。

"我甚至不认识这个人,但我厌烦了听他到处都在鼓吹什么正义。"

事实上,西方现代民主并没有走雅典的路,亨利·亚当斯曾代表美国的国父们表达过对雅典民主的厌恶:好人也遭陶片驱逐,即使一个好的执政官想精忠报国也不行了。1787年,有人问富兰克林,美国到底算是共和还是君主,他回答说:"保得住共和就保。"

美国政治家似乎认为:残酷的陶片驱逐,的确是最矫枉过正的避免独裁的方式,它驱逐了独裁的野心,防止了权力的积累,潜台词则是,对一个强者,不要再施以同情——这却成了大众对精英的无理排斥。

这种貌似公民社会对精英的再思考,似乎到来得过快,过于超前,甚至在西方民主萌芽时期就过早地到来,结果,此后只是一种折中——雅典根本成不了帝国,连自身城邦都难保。斯巴达没有效仿它,斯巴达人一直禁止成文法,因为它明确地需要一个强悍的领导人,它的人民都成了战士,因而更安全;雅典人没有实现一种安全的民主,却实现了一种不产生暴君的民主。

但可以肯定的是:有教养的、有批判能力的、正直的公民群体,不会使一个国家成为帝国;使它成为帝国的肯定是另一些东西:君主、集中的权力,还有高效的管控,这些是直接有用的——为了国家自存,以及扩张。

本书作者继续揭示：罗马还不是帝国时，就已开始学习雅典，它学到了雅典的成文法，但没有效法雅典减少债务奴隶——梭伦改革免除了债务奴隶。在我看来，放到今天，这是在保证一个纺锤体的中产阶级的存在，好比让一个中产阶级不至轻易变成房奴。作者说：改革之后，古雅典的税率由公元前6世纪的100%，变成7世纪的18%左右，只相当于现在西方社会的信用卡利率。这一点，罗马拒绝学习。

罗马学到的是通过成文法强化执政者的权威，把一种智力启蒙变成等级壁垒的巩固，它禁止爱国者和平民通婚，并强化了债务奴隶——于是，知识清晰地开始变成权力。

罗马权力阶层通常也不会自己书写，而是让雅典遗民们充当奴隶抄写员——古雅典人是被征服的文明之父，是罗马帝国时的读写者，但知识进一步变成一种被限制的技术，很像中国的元朝，奴化了宋朝十万冗员的文官。

罗马人开始购买知识和知识奴隶，知识分子资本化，促进了知识的商品化，却没有促进民主。这也就是所谓"希腊化"。罗马之后，是亚历山大，知识进一步浓缩成一个也许并不存在的图书馆，作者说：如果你碰到一个骨子里不愿保存历史的君主，即使有一个图书馆也改变不了世界——知识再次脱离了知识曾充分实践的领域，回到了皇家。

罗马帝国里，另一个掌握着书写能力的强大群体是军队，因为帝国疆域在扩大，远征者必须有比君主更充分的世界知识，远征军的作战也要求罗马军人更能领会自上而下的抽象命令，这使他们能战胜海外蛮族。当凯旋至国内，这一群知识军人往往带回了一种对绝对权力的挑战——看到土地被大领主侵占，他们经过屡次内战，消除了国内的世袭制，这又是三权分立的雏形。

终究，雅典之后，现实主义的马车又拽了回来，美国实际是从以雅典理想的普遍民智为基础的民主，又回到了精英政治、一种变形的君主制里。雅典的理想忽略了一个更现实的问题——人类理想的民主社会对人类智力的过分要求在于：每个人不仅仅都能读写，还必须成为精英。事实却是，直到今日，精英和大众之间仍缺乏彼此和解的伦理。

但人类生活"文字化"的过程仍在继续深入。今天，我们压倒一切的阅读量来自网络，来自社交媒体和博客，这种"文字化"具有两面性：一面是启蒙可能在继续，一面是"野蛮"通过文字继续植入人的灵魂。因为，文字的权力背后，要求的是"阅读"。"阅读"这种人类特殊的行为，作为一种方法，神奇之处是能让人静下来，屏蔽许多干扰，让信息直通心灵，但"阅读"已被"看电子设备上的文字"偷换；最轻率的口舌被文字化，通过阅读，毫无遮拦地进入心灵,心灵完全不设防,被更迅速更广泛地破坏。

　　　　《字的主人:从字母表到网络——媒体怎样塑造历史》
　　　　　　(*Master of the Word:*
　　　　　　　How Media shaped history,
　　　　From the Alphabet to the Internet)
　　　　作者:威廉·伯恩斯坦(William J.Bernstein)

对城市的痴迷是现代主义文学的通症。波德莱尔的巴黎、瓦尔特·本雅明的柏林、布尔加科夫的莫斯科、卡佛的亚历山大港、张爱玲的香港和乔伊斯的都柏林……类似地，奥尔罕·帕慕克被归入了这一类。他们都把都市经验作为人类的终极故事。

伊斯坦布尔的忧愁

撰文　Filip Noubel（马云华）
翻译　林蔼

书评 □ 伊斯坦布尔的忧愁

在帕慕克的新小说《我脑袋里的怪东西》中，伊斯坦布尔是主角：一座被无尽地爱着、诅咒、恐惧、哀悼和重新发现的城市。对于出生、成长和依旧生活在伊斯坦布尔的帕慕克来说，这已不是他第一次把整本著作献给这个激励和定义着他的城市。然而，与以往不同的是，在这部小说中，这座城在一个不寻常的人物视角中现身：一个街头商贩。卖钵扎（boza，一种传统土耳其饮料）的麦夫鲁特终身混迹街头，用双脚丈量一个个街区。当他与这座城市日渐亲密时，一件怪事发生了：他不再能够分辨他的梦和他的现实生活。他与伊斯坦布尔混为一体。

伊斯坦布尔的漫游人

对城市的痴迷是现代主义文学的通症。它们传递着敬慕、排斥、恐惧等混合的情感，而最终，除了他们讲述的城市，波德莱尔的巴黎、瓦尔特·本雅明的柏林、布尔加科夫的莫斯科、卡佛的亚历山大港、张爱玲的香港和乔伊斯的都柏林，无他处可栖。类似地，奥尔罕·帕慕克被归入了这一类。他们都把都市经验作为人类的终极故事。实际上，伊斯坦布尔在他的几部小说（《我的名字叫红》《纯真博物馆》《寂静的房子》《我脑袋里的怪东西》）中无处不在。此外，他还写了一套回忆录合集，黑白相片配图，叫《伊斯坦布尔：一座城市的记忆》，讲述他在城市的成长经历。

帕慕克无疑是一个称职的伊斯坦布尔人，他符合所有的标准：家里拥有位于伊斯坦布尔老城的一整栋楼房，如今他依旧生活在儿时的寓所内。伊斯坦布尔是他的成长之地，也是他开始成名之地。同时，颇为独特的是，也是在这里，他回馈了自己对这座城市的爱——他创立了一家博物馆，一家完全由他的小说《纯真博物馆》所激想出来，并歌颂伊斯坦布尔都市文化之成熟老练的博物馆。

带着一股百科全书编撰者的热情，帕慕克历年来广泛收集家具、箱包、瓷器、灯具、衣衫、玩具、黑白照片和钟等上世纪七八十年代的伊斯坦布尔生活遗存。他忠实地重新呈现了那个时代的氛围。美籍土耳其裔作家艾力夫·柏克曼（Elif Batuman）参观完博物馆后在一篇文章中写道："帕慕克的博物馆复存了量产时代生产出来的产品的独特性，把数量转化为质量。一个中产阶层拥有的一幅名画复制品比它无价的原作更具魔力,正是因为它曾随处可见。"

博物馆的参观者在发现藏品各种细节(细如一个烟蒂)时,就像经历一次受洗一样。小说中也是同样,从一个贫困村新迁来伊斯坦布尔的青年麦夫鲁特,正聆听父亲讲述他作为一个老伊斯坦布尔人的经验。"看着他儿子如视智人般望着他,把他视作能够讲述这座城市的独特语言的人,这个小男孩已经迫不及待地想知道这座城市的秘密。"这些给了麦夫鲁特父亲足够的骄傲资本,他说:"你会很快就学到这些……你会在你被发现之前就看过一切。你会听见一切,虽然你假装没有……你会一天走路十小时,虽然你感觉从没走过。"

细节是核心,同样核心的也包括一些飞速消逝的特定词语——它们所描述的数百年历史的现实存在,也一同被城市现代化的无情推土机侵蚀。出现在小说第一个句子里的"钵扎"算一个。小说主人公麦夫鲁特正是一位卖钵扎的人。作为都市人类学家的帕慕克现身解说:"可能我需要向外国读者和未来二十年内将要忘记这一切的下一代土耳其读者说明一下,钵扎是一种传统亚洲饮料,由发酵的小麦制成,通体厚重,深黄色,带少量酒精。自从德国啤酒成为替代品,钵扎就只出现在冬天街头商贩的销售车内了。"

另一个词,是诞生于危险的都市化进程中的"格色孔度（gecekondu）"。在土耳其语中，"gece"是"夜"，而"kondu"是"放置"，来自动词"konmak"。再一次，帕慕克又不禁讲起这个术语背后的故事，"据传，格色孔度（安置的过夜）来自一个叫俄辛肯（Erzincan）的泥瓦匠——他在一夜之间建好12间住宅，供人们过夜，当他在盛年离世，数以千计的民众去他墓前缅怀"。

帕慕克作为漫游人的天资，体现在他能把难以觉察的场景描述得异常细致，以至于把它当成微缩景观。以下这段是麦夫鲁特对晚餐汤的记忆，汤是青年时候的他与父亲在伊斯坦布尔的"格色孔度"贫民窟晚餐的主食，也是唯一的食物——"土豆小粒和红萝卜螺旋盘在一个怪物状的东西身上，在火上烤——你几乎可以听见它们在痛苦中哭泣的声音——然后会有突然的类似火山喷发的喷涌，胡萝卜和芹菜会升起来，靠近麦夫鲁特的鼻子。"

麦夫鲁特甚至观察到显微事件："在一个楼房露台下的阴凉处，麦夫鲁特和一个西瓜摊贩砍价，一边用手指拍打不同的西瓜，揣测它们里面有多红。一只蚂蚁在一个西瓜上爬行。每当麦夫鲁特把手中的水果反转过来，那蚂蚁也就倒立过来，但它从不掉下去，它不断继续游走，直到重新回到西瓜顶上。"正是这种瞬间细节的特写添加了生活的诗意和意义："麦夫鲁特不愿离开摊档，这让他难以抽身回家进入厨房，因而大多数想买冰淇淋的家庭会派用人过来，他们通常拿镶银边或珍珠母的托盘,或拉一条拴着篮子的绳,篮子里放着一打低腰小茶杯和一张纸,纸上写满对口味偏好的要求。很快,麦夫鲁特发现,在这样的路灯下接单、交货如同做药店药剂师的工作一样困难。"

最终,收集珍贵的细节——无论是小说里的字句还是博物馆内的遗存,是帕慕克得以成功营造他所说的"感官体验"的方法,他在论述小说艺术的文章合集《天真的和感伤的小说家》里解释过:"通过捕捉我们日常生活中可以观察到的和自己感到熟悉的细节和事件,小说呈现给我们它许诺的秘密的真相。简单说来,我们姑且把每一个这样的观察称为感官体验。"接着,他补充道:"一个小说家的所有作品就像一个星座,他或者她提供成千上万个关于生活的细致观察——也就是基于个人感官的生活体验。"他最后总结:"重点是他们所处的这个世界的本真,而非故事主角的个性和道德。"在帕慕克的世界里,有一个词概括了这一特定的本真:忧愁。

伊斯坦布尔的本真色彩

忧愁(hüzün)是带一个阿拉伯语词根的土耳其单词,意指忧伤,是基于失去某些人、事的伤痛和悲恸。根据帕慕克本人的说法,在当代土耳其,这词还带有失败感,自身能动性的缺失和逃入自身内在的趋向等意思。在英语中,与忧愁部分相对应的词是"陌生(Strangness)"——帕慕克引用自威廉·华兹华斯(William Wordsworth)诗作《前奏》(*The Prelude*)的一个术语。帕慕克正是以这首诗开始他的小说:

> 我带着忧愁的思绪……
> 一种陌生在我内心,
> 一种心不在此间的感觉,
> 同样也不在此处。

麦夫鲁特经历了一轮又一轮体现他自身命运的忧愁,这情节贯穿小说通篇:从贫困农村出来帮他父亲——一个成熟的伊斯坦布尔钵扎销售商,他自小就发现了钵扎销售的秘密,然后毅然决然地退学以辅助父亲;此间他学习成为一个全职街头商贩。最终,他与同村的雷伊哈结婚并育有两个小孩。然而,他的人生并非愉快的结局:他需要不断转换苦力工作来挣钱养家糊口,他遭受悲剧和背叛。他承认陌生感自孩童时代就已成为他的一部分,这也是他的命,"还是孩童和青年的时候,他就已经懂得混迹街头所发现的各种怪异之事其实是他自身的念想。那时,他已经有意识地展开各种遐想"。

异质感伴随了他的人生——他不属此处。"我内心有种陌生感,"麦夫鲁特说,"无论干什么,我都感觉我在这世上独自一人"。"如今我们在一起,你不会再有这种孤单感。"雷伊哈说着抱紧了他,麦夫鲁特看着妻子映在茶馆窗上如梦般的影子,他知道他不会忘记这一刻。

最终,当忧愁渐渐吞噬他的生活,麦夫鲁特惊觉他内心和伊斯坦布尔其实是同一的:"这是麦夫鲁特体会到这一真相的过程,其实部分的他早就察觉到了:夜间在城市街头行走,让他觉得他其实游走在自己脑袋里。这正是为什么每当他对墙壁、广告、影子和其他看不见的离奇古怪的神秘物体讲话时,他总感觉是在与自己对话。"

在《天真的和感伤的小说家》中,帕慕克写道,比小说主角的性格更具决定性的是这些角色设置如何融入周围的景致、事件和背景。小说中主人公性格特点的形成与一个人在他的生活中养成自身性格的道理一致:通过他生活的场景和事件。麦夫鲁特正是如此达到终极融合:"每次喊'钵——扎',他都感受到由他的嘴衍生出的那幅画在内心冉冉升起,如同漫画书里框住讲话内容的泡泡,在它还没如雾气般在疲倦的街道里消散前。每个词都是一物件,每个物件又都是一幅画。他感到他卖钵扎的街道在夜里与他的内在小宇宙合一。"

混合互不相容的碎片

即使内心抱有怀旧情结，帕慕克还是一位真正的现代作家。写作时，他把所有工具为己所用：东方和西方，现实和虚构，经验和想象，历史研究和梦幻，散文和诗歌，线性和轮回时间。今时今日，无人比肩、风格多元的大师级写法让他的小说作品成为博物馆：他多年来收集回来的物件被贴上标签，好像它们本身就属于小说《纯真博物馆》里的主人公。然而，众所周知，故事、人物和情节都是由帕慕克虚构的，物件则是历史的、真实的。

这正是《我脑袋里的怪东西》所体现的对各种元素的折中性混合。小说里，麦夫鲁特总是以第三人称被描述，但包括他的家人亲戚在内的很多其他角色则被赋予纠正叙述者观点的机会，他们可以不同意，甚至通过插嘴来修正官方描述。每当从麦夫鲁特的视角讲述故事，帕慕克都在那段开头用一个特殊的标志，以区分其他不同角色所发出的短评，而且这些角色名字都被标粗。叙述者有时也扯大嗓门来与读者或其他角色争辩。所有这些组合在一块，呈现出一个万花筒般的讲故事的手法——人、事、物都从不同角度被解读，然而没有一个角度被偏好，就好像博物馆内的数百件藏品各自讲着自己的故事——不仅关于小说本身，也关于伊斯坦布尔1970年代以来的变形记。

书评 □ 伊斯坦布尔的忧愁

伊斯坦布尔并非一个诙谐之地：它是一个被社会、宗教和政治严格划分的城市。就如麦夫鲁特父亲曾警戒他儿子："莫因富人而含羞耻。他们与我们的唯一区别就是他们先于我们来到伊斯坦布尔，并开始挣钱营生。"

任何东西都可质疑：表面上天真无邪如钵扎的饮料却可以揭露与社会的深层矛盾，就如麦夫鲁特和他堂兄弟苏莱曼的对话所展现的：

钵扎是神圣的。

噢，滚开，钵扎只是用来让穆斯林可以喝到酒；它是伪装了的酒——大家都知道。

在贩卖钵扎的十六年里头，麦夫鲁特向两类人撒了这个谎：

1. 思想保守的顾客——想喝钵扎，也需要获得这并不罪恶的确认；

2. 世俗、西化的顾客——想喝钵扎，也想居高临下启蒙贩卖这个的乡巴佬。这类顾客中的聪明人会明白钵扎内含酒精，但他们还想羞辱一下这个为挣钱而撒谎、持宗教信仰却狡猾的农民。

最终，这种分裂定义了伊斯坦布尔。正如苏莱曼说的："谎言是文化礼仪的一部分，并不是说我们撒谎就不真诚了。

我们理解彼此的私人动机,同时也确保跟随公共规矩。无论如何,这些空洞言语只不过是主戏上演的前奏。"

在这个分裂的社会图景中,麦夫鲁特的独特技能让他摆平所有冲突,也是向伊斯坦布尔多元融合的赞美:你的真诚和纯真是你与这座城市——实际上是整个世界相处的最大资产:"麦夫鲁特,你成功驾驭了人们内心所想和他们公开言辞之间的鸿沟。你让这个国家被看清楚了。"

通过街头贩卖钵扎,麦夫鲁特实际上已经认清了伊斯坦布尔的隐性逻辑:"对酸奶的需求逐渐衰退之时,夜间街头买钵扎的人数则在稳步增加。民族主义者和武装分子的频繁冲突亦与此相关。人们害怕外出,即使在周六,他们也偏向于往窗外张望,找寻街道上钵扎商贩的身影,等待他们到来,然后才能喝着钵扎,聆听内心的呼唤,正如他们以前的老时光。"

帕慕克与麦夫鲁特无异:在他的回忆录《伊斯坦布尔:记忆与这座城市》里,他透露了阅读这座城市的关键:"伊斯坦布尔的忧愁并不只是由它的音乐和诗歌唤起的情绪,它还是一种让我们所有纠缠一起的看待生活的方式——不单是精神层面的,还是一种最终同时肯定和否定我们生活的内在心境。忧愁在让伊斯坦布尔的栖居者瘫痪的同时,也给予了他们瘫痪的诗意明证。"

全球书情

撰文 吴瑶

非虚构

总统的秘密之书
The President's Book of Secrets

大卫·普利斯（Daivd Priess）著

Public Affairs 出版

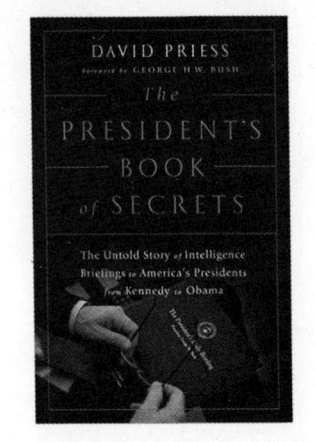

每天早上，美国总统都会从情报部门那里收到一份"总统每日简报"，这份只有几个人看的"报纸"，脱胎于杜鲁门任上情报部门发布的"即时情报公告"，不超过 20 页，包含了当日最值得注意的全球局势动态信息。大多数的总统每日简报的信息是保密的，除了去年 CIA 解密了几百份给总统约翰逊的简报。

许多人会好奇情报部门如何处理信息、汇总出一份简报。前 CIA 分析员大卫·普利斯（David Priess）曾经在老布什担任总统时期从事简报汇报工作。他阅读了大量有关情报工作的历史，发现并没有关于总统每日简报的专门研究。他深知简报的价值所在——日理万机的白宫高官并没有太多时间处理繁冗的信息，于是，普利斯决定写一写这段历史。他采访了1964年简报诞生以来所有在世的总统和副总统——包括小布什、克林顿、老布什和卡特,以及超过一百位直接参与过简报编辑和汇报的工作人员,参阅各种简报相关档案,写成了《总统的秘密之书》,讲述简报的演化历史,也呈现了总统决策的迂回曲折。普利斯承认,简报曾经错失过数次危机预警。

简报的重要性对每位总统有所不同:尼克松是一位严格的读者,他带着怀疑的态度阅读简报,更信赖国务卿基辛格的判断。因为没能跟总统直接沟通,CIA多半是"猜测"总统需要什么样的信息。福特与尼克松完全相反,他不仅阅读简报,而且会倾听高级情报人员所做的口头简报,情报人员需要回答各种问题,提供无法呈现在纸上的敏感信息。不过,福特坚持简报的绝密性,除了他之外只有两位国家安全顾问可以阅读。到里根任上,简报也会送到副总统手中,后来的总统沿袭了这个做法。老布什可能是最重视简报的一位总统,而且他与CIA的关系相当密切,小布什也是如此。前国务卿乔治·舒尔茨曾经说:"你阅读简报,部分因为它的内容,部分因为它告知你总统所获取的信息。"

当呼吸变成空气
When Breath Becomes Air

保罗·卡兰斯（Paul Kalanithi）著

Random House 出版

2013年，36岁的神经外科医生保罗·卡兰斯（Paul Kalanithi）被诊断出肺癌第四期，此前十年，他挽救别人于死亡边缘，而现在自己却成了与病痛斗争的人。卡兰斯拥有文学学士和硕士学位，患病后，他发表过数篇散文，《当呼吸变成空气》一书的部分内容就来自这些已经发表的文章。前半部分，卡兰斯回忆了自己对文学和哲学的热爱，而后踏入医学院，从一个充满好奇和求知欲的医学生，变成一名医生；后半部分则关于以病人和新手父亲的身份度过人生的最后一段时光。这本书毫不令人意外地在2016年初成为畅销书，就像2014年另外一本同为外科医生写作的书籍《最好的告别》（*Being Mortal*）一样。只不过，卡兰斯的书无法教导人们如何接受衰老和死亡，而是如何脱下

白大褂，走出手术室，继续生存。

从医生到病人的转变是微妙的。卡兰斯这样描述自己的病情："我快速翻阅CT扫描图像，诊断结果很明显：肺部布满肿瘤，脊椎变形，整个肝叶坏死，癌症已经扩散。我是一个神经外科住院医生，已经到了最后一年培训。过去六年，我看过大量这样的扫描，手术通常已经无济于事。这份扫描不同的是：这是我自己的。"他对于疾病的感受也因此不同："当我变成了其中一个病人，我与诊断数据的关系也就发生了变化。"过去曾经被忽略的病人的焦虑和痛苦，如今自己不得不亲自体会。

患病二十二个月之后，卡兰斯于2015年3月去世。他在书中写道："我开始意识到，与死亡面对面，从某种意义上说改变了一切，又什么都没改变。我的脑海中不断浮现萨缪尔·贝克特（Samuel Beckett）的话：我无法继续前行，我将继续前行。"他并没有过多地谈论死亡意味着什么，不过他的妻子，也是他医学院同学撰写的后记作出了补充：死亡意味着去给你爱的人扫墓，倒上蜜月时喝过的马德拉白葡萄酒。卡兰斯在书中的最后一段话留给了自己八个月大的女儿，希望她懂事之后了解自己生命的珍贵以及她曾给患病的父亲带来怎样的愉悦。

所有单身女士们
All the Single Ladies

丽贝卡·崔斯特（Rebecca Traister）著

Simon & Schuster 出版

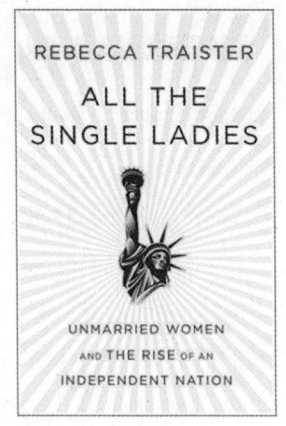

2009 年，丽贝卡·崔斯特（Rebecca Traister）开始写作《所有单身女士们》这本书，关注美国单身女性的现象。这一年，美国已婚女性比例跌破 50%，女性初婚年龄上升到 27 岁，此前长达一个世纪的时间里，这个数字是 20 到 22。另外，18 岁到 29 岁之间的美国人已婚比例只有 20%，远低于 1960 年代的 60%。崔斯特自己也是一名单身女性。

在大量研究和采访之后，崔斯特发现单身女性的现象并不是今天独有的。从 20 世纪初起，不少女性就坚持于婚姻之外的选择，当中的一些参与过美国社会和文化变革的先锋人物，也被崔斯特记录了下来，比如作家路易莎·梅·奥尔科特（Louisa May Alcott）、民权运动领袖苏珊·安东尼（Susan B. Anthony）、记者娜莉·布莱（Nellie Bly）等等。崔斯特并没有放大单身现象的符号意义。这个过程不像过往的废奴、女性参政、LGBT平权等社会和政治运动那样声势浩大，"这并不是一次有意识的政治化的活动"。崔斯特特别指出，很多女性并不以保持独身作为争取平等的手段，只是一种自然而然的选择，即使去婚姻化是最激进的女权主义思想中的内容。

崔斯特无意赞颂单身优于有伴侣的生活，但她承认女性未婚和晚婚的趋势所带来的经济影响，指出晚婚晚育可以为女性减少经济损失。"如果30岁之后结婚，意味着有大学学位的女性可以增加18000美元的年收入。"硅谷一些科技公司为了减少女性生育过后对工作造成的影响，已经开始推广父母亲带薪产假计划，但这样的政策仍然只停留在私营部门层面。不过，小布什政府曾经推广婚姻教育试点计划，鼓励健康婚姻，试图减少单亲家庭和由此带来的贫困——崔斯特对此并不认同。

单身女性也许将改变美国竞选政治版图。2012年，未婚女性已经占到选民人数的23%，总统大选中40%的非裔选票和30%的拉美裔选票来自未婚女性。不久前新罕布什尔州民主党初选，桑德斯出人意料地击败希拉里，并且在单身女性选民中取得26%的领先。崔斯特在《纽约杂志》（*New York*）上发表的文章中认为，这是由于目前的社会政策设计未能满足单身女性的需求，而民主党内建制派候选人希拉里对改变政策并不乐观。单身女性所要求的可能包括且不限于：更完善的同工同酬条款、最低工资保护、包括生育在内的医疗保险制度等等。

《中国的新千年一代》

China's Millennials: The Want Generation

埃里克·费什（Eric Fish）著

Rowman & Littlefiled Publishers 出版

中国媒体关于"80后"故事的叙述已经不少：独生子女、经历经济快速发展，被贴上过物质、政治冷感的标签，但这不足以概括这个群体的全貌。埃里克·费什，这个曾经在中国生活七年的美国80后，选择关注那些不满足于现状的中国同龄人，以及他们所面临的各种经济和社会议题——性别平等、环境保护、户口制度等等。

美国人把80后这一代人叫作"新千年一代"，副标题的"want generation"（渴求的一代）来自费什与深圳的年轻工人们聊天得到的印象：与二十年前改革开放第一代南下打工的工人不同，这些年轻人在生活中渴求的东西更多，更敢于发声，对工作环境也挑剔得多。后来，在与各种采访对象交谈的过程中，费什发现中国年轻人们不仅仅满足于物质上的富足，还会追求物质之外的东西。政治不在他们提及的范围之类，但他们关心的事物又无可避免地与政治产生关联。

费什的采访对象中包括了多位从事社会运动的年轻人，从女权运动到环保主义者。费什在接受媒体采访时说，这些活动人士不能代表他们这一代人，但他们确确实实作为这一代人中的一分子存在。

除了国与民的关系，这本书还触及了父与子的关系。在费什采访的创业者中，不止一人提到他们走上创业之路与父母的宽容态度有关。他说，当中国的父母与子女关系逐渐脱离陈规，年轻人就有了更多追求个人发展和打破传统的思考空间。

虚构

《骗我一次》
Fool Me Once
———
哈兰·科本（Harlan Coben）著
———
Dutton 出版

    阅读哈兰·科本的书，会觉得每一页都是一部惊悚片，充斥着他招牌式的悬念和刻骨铭心的情感。而在这本新书——他的第 28 本小说中，科本再次超越了自己，这本书也将被改编成电影。故事讲述的是前特种部队飞行员玛雅·斯特恩离开战场回到家乡，她先后失去了姐姐和丈夫——他在一次有预谋的抢劫中被杀害。她开始独自一人照顾女儿，在家中装上了监控摄像头，于是不可思议的事情发生了——两岁的女儿在与父亲玩耍，就在他去世两周后。谜团之中的问题在于，你是否相信亲眼看到的一切，即使是拼命说服自己去相信？为了找到答案，玛雅最后与自己过去深埋的秘密和欺骗和解，才能直面关于她丈夫和自己令人难以置信的真相。科本后来解释说，玛雅这个人

物跟其他老兵一样，某种程度上受到创伤后应激障碍的困扰，但这并不妨碍她仍然保持洞察力。

科本在解读自己的作品时说，人物和情节的灵感都来自真实生活，他曾经在一次签名会上遇到一个女飞行员，虽然性格不一样，但是她为人物创作提供了背景。同时他也发现越来越多的家长开始使用监控摄像头，"我会想，当我看着监控摄像头，脑子里会出现什么乱七八糟的呢？"于是有了这本书，里面曲折而纠结的惊悚情节胜过以往，他希望读者享受这些情节——你可以从完全不同的角度去阅读，有时即使被情节骗过去，还是乐在其中。不过科本说，最根本的情感层面不会变。

《战争前的夏天》
The Summer Before the War

———

海伦·西蒙森（Helen Simonson）著

———

Random House 出版

这是西蒙森的第二本小说。故事发生在 1914 年的东萨塞克斯，后爱德华时代的夏天，正是天气好得不像话的时候，休·格兰奇刚结束了他的医学研究，去看望他的阿加莎阿姨。他们一家住在田园诗一般的海滨小镇莱伊上，阿加莎的丈夫在外交部工作，他会在谈话中提及巴尔干地区炫耀武力，而阿加莎自己有更迫切的忧虑，她冒险选了一个新的拉丁语老师，她的名字叫比阿特丽斯·纳什。纳什也是个作家，她只身带着几大箱子书来到这个小镇，她比人们认知当中的拉丁语老师看起来思想更自由、更具吸引力。她挚爱的父亲刚去世，没有给她留下分文，她来到这里只是为了独自生活，教书和写作，生活起初并不顺利，她曾经差点丢掉工作。萨塞克斯的美景和小镇上形形色色

的居民让她渐渐好起来，此时夏天也接近尾声。尽管阿加莎一再保证战乱不会发生，难以想象的事情终究还是到来了。战争来袭，这座小镇缓慢的步调和陈旧的生活方式都将受到考验。

西蒙森的文字干净克制，她有一双敏锐的眼睛，讲究历史细节，对画面极其敏感。她讲述了一个宏大的故事，进展得相当缓慢，没有耸动的悬念，读者很容易看出哪些是被宠爱的角色，他们可以善始善终。故事讲述到280页之后才呈现纳什走进教室的场景；当德国入侵比利时和莱伊接收难民的情节出现时，故事变得更加吸引人。

《慕尼黑之旅》
Journey to Munich

———

杰奎琳·温斯皮尔（Jacqueline Winspear）著

———

Harper 出版

这是一本以二战为背景的小说，主人公梅西·多布斯是英国特勤局的卧底，被派往希特勒治下的德国执行任务。1938年，多布斯执行完任务回到英国。在一个乍暖还寒的早晨，她正向满是回忆的菲茨罗伊广场走去，被特勤局的布莱恩·亨特利和罗伯特·麦克法兰拦住了——德国政府同意释放一名英国囚犯、工程师莱昂·多纳特，但前提是他要拿另外一个家人作交换，然而这个男子的妻子已经卧床不起，女儿又在一次事故中丧生，于是特勤局决定用多布斯换回那名身处慕尼黑郊外的男子——她跟这名男子的女儿惊人地相似。她轻装上路，戴上假发，身上只有一把手枪，一路冷静地与德国外交官和盖世太保交涉，但见到那名囚犯时，多布斯发现他不是工程师本人，虽然也是纳

粹的受害者。事情进展至此，变得越来越复杂和危险，尤其是当她发现真正的工程师身处何地时，也意识到了他的重要性。

英国政府并不是唯一一个关心她这趟旅程的人，她的克星——她认为该为她丈夫的死负责的人，得知了她即将前往慕尼黑，也急切地想寻求她的帮助。这趟前往纳粹德国心脏的旅途中，多布斯遭遇了诸多意料之外的危险，她也开始想也许是时候重返自己喜欢的工作岗位了，但特勤局似乎还有别的打算。这本书是温斯皮尔上一本小说《危险之地》（*A Dangerous Place*）的"续集"，之前书中出现在一战时期的护士，变成了心理学家和调查员多布斯，作者赋予了她新的生命，而这个故事显然还可以续写下去。

○ TOPICS

003 What does a Nobel Laureate with Tooth Decay Look for at The Dentist's?

Julio Villanueva Chang

017 The Last Peruvian Poet

Xiaoyu

029 The Talented but Aloof Ulysses——Eileen Chang's Late Writings

Wenzhen

061 On Peter Hessler's 3 Types of Writing Practices

Wuqi

⋈ INTERVIEW

079 Strolling along the Lakeside

Chen Yiyi

△ REPORTS

113 Kids from Ding Xi

Sun Zhonglun

ESSAYS

149 Jewish people on Sports

Yun Yetui

161 To Build a Log Cabin in front of a Mountain

Guo Yujie

PHOTOGRAPHY

191 The Disappeared Camera

Ren han

NOVEL

215 AI

Li Jingrui

POETRY

245 The Sleepless Book

Liao Weitang

BOOK REVIEWS

259 Eros and Compassion

Zhang Dinghao

275 The Guide to Mysticism

Kong Yalei

289 Master of the Word

Zou Bo

301 Istanbul, the City of Hüzün

Filip Noubel

313 New Books around the World

Wu Yao

撰稿人

胡里奥·维亚努埃瓦·张（Julio Villanueva Chang），西语文学杂志《黑牌》（ Etiqueta Negra ，英文名 Black Label ）的创办人和总编。出生在秘鲁一个混血家庭，有中国血统。早年学习教育学，后转做作家和编辑。他现在同时任教于由作家马尔克斯创办的哥伦比亚新新闻学校，致力于训练年轻的作家和记者。他本人的非虚构作品也广泛刊登于西语报刊杂志。

廖晓玮，新媒体微在副主编，西班牙语专业毕业，最终跳入了媒体圈。曾在加泰罗尼亚电视台任记者助理，空闲时翻译英语、西语的文学作品。合作翻译出版过《奥威尔信件集》。

文珍，中山大学金融本科，北京大学文学创作与研究方向硕士。发表小说散文若干，历获第五届"老舍文学奖"、第二届"西湖"新锐文学奖等。出版小说集《十一味爱》、《我们夜里在美术馆谈恋爱》。

任瀚，1984出生于天津，2011年毕业于法国阿尔松别墅国立高等艺术学院。曾在巴黎 Less Is More Projects 画廊、北京 C- 空间、LAB47 空间举办个展。同时他也是再生空间计划的联合创始人，组织艺术家在非展示空间（如废墟、居住空间）进行创作和展示。

李静睿，记者、作家，生于四川自贡，毕业于南京大学，曾供职于《新京报》。著有随笔集《愿你道路漫长》、短篇小说集《小城故事》等。

孙中伦，1994年生，现于洛杉矶Pomona College读大四。《定西孩子》是他在大三休学一年的旅途中所写。

廖伟棠，1975年出生，诗人、作家、摄影家。居香港，曾居广东、北京、意大利。1990年开始写诗，出版诗集《少年游》《野蛮夜歌》，散文集《花眼身》、《衣锦夜行》，评论集《反调》、《波希米亚香港》、《游目记》，摄影诗文集《寻找仓央嘉措》以及小说集、摄影集等二十余本。曾获香港青年文学奖，香港中文文学奖，台湾"中国时报"文学奖，联合报文学奖、花踪世界华文文学奖及香港文学双年奖，香港艺术发展奖2012年年度作家，获邀参加鹿特丹国际诗歌节、台北国际诗歌节等。

孔亚雷，1975年生，著有小说《不失者》、《火山旅馆》，译有保罗·奥斯特小说《幻影书》、莱昂纳德·科恩诗文集《渴望之书》等。他住在莫干山脚下的一个小村庄。

张定浩，笔名waits，1976年生于安徽，现供职于上海某杂志。著有随笔集《既见君子：过去时代的诗与人》、文论集《批评的准备》、译著《我：六次非演讲》等。2016年凭借诗集《我喜爱一切不彻底的事物》获首届"书店文学奖"。

邹波，诗人，作家，现居加拿大，曾供职于《经济观察报》、《生活》等杂志，出版有《书与画像》、《现实即弯路》等作品。

马云华(Filip Noubel),文化评论人、作家、译者。因父(捷克人)母(法国人)工作关系,幼年在前苏联度过,并曾在东京、巴黎、布拉格和北京学习生活。在多年媒体和国际组织工作之后,目前致力于在亚洲和欧洲撰写书评、采访和翻译作家作品,推动跨语言文学推广和传播。他相信,阅读是唯一使我们"生而为人"的方式。现居布拉格和北京,通晓十种语言。目前在学习阿拉伯语。

郭玉洁,界面"正午故事"主笔,曾任《生活》、《单向街》主编,路透中文网、《纽约时报》中文网、《彭博商业周刊》等专栏作家。现居上海。

云也退,作家,书评人,腾讯大家2013年度致敬作家。并译有爱德华·萨义德《开端》、托尼·朱特《责任的重负》。

吴瑶,美国密歇根大学公共政策学院研究生,长期关注环境与气候变化、国际关系等领域。曾任《南方都市报》驻京记者,翻书党,冷知识爱好者,在《东方历史评论》、"政见"网等开设有书情专栏。

晓宇,牛津大学政治学博士在读,共识学社创办人和撰稿人。想把深刻的观点写成好读的故事。

图书在版编目（CIP）数据

单读 . 013, 消失的作家 / 吴琦主编 . — 北京：台海出版社，2016.8（2018.3 重印）
ISBN 978-7-5168-1128-3

Ⅰ . ①单… Ⅱ . ①吴… Ⅲ . ①社会科学 - 文集
Ⅳ . ① C53

中国版本图书馆 CIP 数据核字 (2016) 第 199876 号

单读 . 013, 消失的作家

主　　编	吴　琦		
责任编辑	刘　峰	执行编辑	魏　阳　罗丹妮
美术总监	刘肖男	设计制作	柳俊萱
内文制作	陈基胜	责任印制	蔡　旭

出版发行	台海出版社
地　　址	北京市朝阳区劲松南路 1 号，邮政编码：100021
电　　话	010-64041652（发行，邮购）
传　　真	010-84045799（总编室）
网　　址	www.taimeng.org.cn/thcbs/default.htm
	E-mail：thcbs@126.com
经　　销	全国各地新华书店
印　　刷	山东鸿君杰文化发展有限公司

本书如有破损、缺页、装订错误，请与本社联系调换

开　　本	787mm×1092mm　1/32		
字　　数	190 千字	印　张	11
版　　次	2016 年 11 月第 1 版	印　次	2018 年 3 月第 2 次印刷
书　　号	ISBN 978-7-5168-1128-3		
定　　价	36.00 元		

版权所有　翻印必究